哈马忻都 著

余秋雨有故事

中国青年出版社

（京）新登字083号

图书在版编目（CIP）数据

余秋雨有故事／哈马忻都著.
一北京：中国青年出版社，2010.8

ISBN 978-7-5006-9480-9

Ⅰ.①余... Ⅱ.①哈... Ⅲ.①余秋雨－生平事迹 Ⅳ.①K825.6

中国版本图书馆CIP数据核字 (2010) 第158678号

作　　　者：哈马忻都
责 任 编 辑：吴晓梅
书 籍 设 计：瞿中华
出 版 发 行：中国青年出版社
社　　　址：北京东四十二条21号
邮　　　编：100708
网　　　址：www.cyp.com.cn
门 市 部 电话：010-57350370
编 辑 部 电话：010-57350521
印　　　刷：三河市祥达印装厂
经　　　销：新华书店
规　　　格：660×970　1/16
印　　　张：17.5
字　　　数：210千字
印　　　数：1-8000 册
版　　　次：2010 年 8 月北京第 1 版
印　　　次：2010 年 8 月河北第 1 次印刷
定　　　价：26.00 元

目　录

他的名气大得令我羞于
张扬我们的师生关系（代前言）

刚刚分手告别完，一起出电梯的男人马上凑过来，问：刚才那位先生是不是姓余？

我说是。

余秋雨？

是。

他现出一脸的表情，重新往早已关闭的电梯那儿看。我偷笑。我想这会成为他今天的一件大事，他会对周围的人说，我今天看见了余秋雨！

许多人通过文字认识余秋雨，也有人通过电视、报纸这样的媒体记住余秋雨的相貌。还是距离，让他们对日常的余秋雨怀有各种各样的想象、猜测。

我的表弟问我：余秋雨是你导师？人家可是文化大家！——言下之意，你是谁？

中学时代就疯读余秋雨散文的小齐，几次回避和我一道去见余秋雨，他说你的导师名气太大，我更喜欢和他在文字中交流。

单位的同事笑我：看看你老师什么样儿？你什么样儿？人家

早把你这个学生的名字都忘了吧?

朋友的女儿,脆生生的小中学生,挤在排队等候签名的人堆里,大喊:余先生,您认识马小娟吗?余老师说:认识啊,我们是很好的朋友。那女儿就足足地幸福和自豪了许多天。

有人想不通,说你怎么就撞上余秋雨做你导师?你运气够好的。

这种时候,我只笑笑。多数时候我喜欢别人以为我狗屁。没有关系的。

一个是如雷贯耳的文化名人,一个是风一样飘过成不了型儿的游逛女,所谓名师出高徒,在我这儿没有应验。

许多自信,却恰好来自余秋雨老师。我一直喜欢听他夸我的那些话。

我的朋友少之又少,读他书的人何止成千上万。在心里,我是学生,他是老师,我们又是很好的朋友,互相关注,私下也互相吹捧,谈不上学术体系上的所谓师徒传承,只是气场相投,总有话题可聊。在离开上海戏剧学院的十几年里,我们通信、通电话。我们见面、喝酒、饮茶、聊天。我们生活在不同的城市,活跃于不一样的领域,我们总能兴致勃勃,谈论一切好玩的事情、好玩的人。

他总有和别人不一样的说法,就像他总有和别人不一样的行动。我受到他的影响。我从他那里学到主要的。

我喜欢对他说:“我们是一伙的。”

十几年里,我们一边成为互为欣赏的朋友,一边成为世俗眼里毫不相干的两类人。他以他的思索和才华,感觉与写作,越来越被无数的人记住和接纳,他成为无数人眼里的大家。

他的名气大得令我羞于张扬我们的师生关系。

有一天我读米歇尔·芒索的《闺中女友》，她数叨她与杜拉斯之间的友情：

"这种奇怪的地形绝妙地象征着我们在这友谊中的地位。她无疑高高在上，我在下。但我喜欢仰视她，她也喜欢我仰视她。我并不感到屈辱，也未受到伤害。"

"在大约三十多年里，玛格丽特不断使我眼花缭乱。"

"她教我主要的东西，她只教我观察。"

"在鼓足勇气叙述这个故事之前，我好像数数有多少暗礁似的，重读了她所有的书。接着，我估量了一下自己真诚的力量。"

我就想，这是一种彻底和真诚的认同了，芒索定是从她们的友谊中获得过太多、太满，她也定是从杜拉斯那里学到了许多许多，所以才从不躲闪她与杜拉斯曾有过的深厚友谊，更不在乎别人是否以为她是靠了杜拉斯才成为作家的。

有时我会问自己，为什么我通常选择回避自己与余老师的师生关系？因为他名气太大，而我微不足道？因为我不喜欢别人否定我一直以来存在的状态与生活的方式？可是难道我真这么在乎外人的评判吗？

通常我的内心是骄傲的，从不需要社会的认同与许可。不反社会，却坚持远离，习惯独来独往，总是自由的。

但是一个靠写字行文为生的人，不是要靠作品来证明自己吗？

很早的时候余秋雨就对我们几个研究生说：你们已经研究生二年级，要写文章，要有创造意识，要把自己的信息量发射出去，要让人看得见你！

但是我们懒得很，我们全都淹没在他的身后。

那时的上海，是这样一座城市，总是从从容容、不事张扬，从来不刻意提倡什么，也不会有石破天惊的口号当街喧哗，一切旧有的、新来的，仿佛都是天经地义、生来就有，不必大惊小怪，也无需任何诠释和过渡，自自然然地，就成为城市生活的本来。

一场高水准的欧洲乐团的交响乐演出，无声无息地，就会招来剧场外众多等票的市民。一次难得的芭蕾舞演出，无需任何宣传与炒作，不知从哪里就冒出来满满当当的观众。他们平平静静地来了，又平平静静地走了，仿佛这本来就该是属于他们的传统生活，或者生活习惯。印象中上海就是这样一座不会惊慌的城市，除了崇洋，中国任何其他地方其他人都惊扰不到她。她像一位见多了男人的大美人儿，冷傲、淡漠得不动声色，以至于看不到激情、欲望，唯有安之若素的泰然，和"本来如此"的平静。她的由来已久的城市生活传统，普通市民所掌握的最基本的现代公共生活的细节与要领，让这个国家任何其他地区的富裕或是喧嚣都显出一股暴发或无知的浮躁。上海的大气氛是迷人的，极度生活化，每一个最初进入她的青年人，总是无端地就把自己放低，不知不觉屈服于她的国际化准则之下，心甘情愿接受她的熏染，迎合她的标准，慢慢地整个人就发生了改变。所谓润物细无声。

就像一扇转动的玻璃门，进去时你还是个傻里傻气、"乡气（相对于"洋气"，上海人用得同样多的另一个词）十足"的"外地人"，出来时，你好似换了个人，完全像那位《霓虹灯下的哨兵》里的黑大兵，无论如何都不肯再穿脚上的那双补丁袜子。倒不是什么忘本变修，而是终于搞明白穿黑皮鞋是不可以配白袜子的。就像喝咖啡不能错将那把小勺儿当调羹，脖子上挂了金链子就不必再添一圈水晶珠子，你开始学习现代公共生活里最基本的条条框框。

许多的改变终生受益，琐碎、不值一提，但却必不可少，大上海让你在这里得到一张从容进入现代文明生活的门票，你渐渐掌握了人类生活中逐渐形成和必须要服从的约定俗成，不至于被逐出某一条底线。这些，会构成你日后周转于社会与人群中获取自信与成功的必要基石。

但是这个城市又因此而太沉稳、太骄傲，以至于让人疏于作更大的改变与创造。叛逆是可以的，但叛逆的前提是曾经领略过那些被摈弃的，如果从未曾领略，从未曾到达，一眼就能看得出，那叛逆是如此无知浅薄。

大上海真是一个大染缸，她让我们只来得及接受她的熏染，掌握她的要领。她把文明的琐屑一点一滴地灌输给我们，消解了我们身上另一股冲动与挣脱的原始本能。这个阴柔的、高度女性化的城市，还真有点以柔克刚的软功夫，把我们改造得举止得体，荣辱不惊。我们浸润在这样的城市气氛里，失去了一部分血气。我们的思想也开始像身体外观一样，被束缚在一架文明人得体的华车上，失去了我们自己的战车。

无论如何，对于缺少强有力的行动能力的人们，上海只能是一个阶段，一个过渡，不可长久地沉溺。她太过"大气"，"高高在上"，让我们忘了还有进取、创造一说。

只有那个坐在对面的我们的导师余秋雨，他的语气和态势，并不像一个一般的上海人。他总是在用一些十分"男性化"的词和句子煽动我们，好像要用它们做鞭子抽赶我们快点上路，快点撒开蹄子跑起来。

现在想，离开我们，他会在书房里再把那样的话对自己说上好几遍。那时他已无意一生湮埋在书斋中，他在戏剧专业里已独领风骚，功成名就，但它们不足以展现和承当他所有的才华与思考，他正在寻找更好的突破自己的方式。他正把自己的犹豫和不太确定的选择，坦诚地传输给他的研究生们。

他从不赞成我们"仅仅是谦恭地吸纳、勤快地抄录、广泛地翻阅"，在他眼里，那"并不是一种值得赞许的学习态势"。他总在鼓动我们去"创造"——

"离开了创造，就不存在一种真正意义上的研究。

"在文化活动日益丰富、文化信息日益密集的今天，写几篇论文，甚至出几本专著，都远不是我们的目的。我们的目的，亦即我们生命的意义，在于向社会提供确实属于自身创造的财富。

"我们的智力水平和知识贮备，不是自炫的装饰，而只是投入创造的资本。

"一个大学本科的毕业生考上了研究生，不应仅仅看成是一种学习过程的顺向延续，而应该准备经历一个心态上的重大转移。社会既然已经郑重地赋予你以文化创造者的使命，那么，不要胆怯，不要畏难，赶快把自己创造成一个创造者。

"当你真正深入地投身创造，你会感到，人类的活力、文化的光华，正在向你汇聚，你的生命也就此而获得了高扬。"

那些充满激情、饱含一种迫不及待的行动态势的话语，曾经是1986—1989年那三年里他不断地、反复地向我们渲染和灌输的。

那也正是他自己"困惑中迟迟疑疑地站起身来，离开案头，换上一身远行的装束，推开了书房的门"的前夕，也正是他走出上海走向全国的起始。

我们曾经经由他的身旁。我们被导引，并得到暗示，但毫无知觉。

十几年之后，他远远地扔下了我们，走得越来越远，站在了所有人的面前。

我总说他不带我们玩儿了。

年少时，看多了毫无才气却削尖了脑袋要出人头地的人，那样的委琐和轻卑。

从来就不屑与那样的人为伍，所以要做出一种恃才傲物、无为而为的姿态。有一天却突然发现，没有以数量堆积的"东西"摆在那儿，有才与无才，其实不过换个说法而已。

直到今天，我也没能把自己的信息量发送到哪儿去。纵有万丈创造的豪情，终是流于鸡零狗碎，与一名文化创造者相去甚远。

总是从别人的惊讶里，读出疑问，有时是惋惜。那些表情提醒我我不是个好的学生，不是他们认为的余秋雨的学生的样子。

于是傲慢占据我，我会在陌生人面前假装不认识余秋雨，和余秋雨没有任何联系。

芒索的真诚与坦荡，开始让我羞愧。

我也开始要打量打量自己真诚的力量和勇气。

做余秋雨的学生是我的幸运，十几年来成为可以谈话和关心的朋友，更是我的骄傲，别的那些真的那么重要吗？

我知道有无数的年轻人喜欢他、追崇他。

我还知道不少人不喜欢他、误解他。

更知道少数人在嫉恨他、中伤他。

十几年里，我们一直在交流，除了读他的文章，我更直接从他那里学到和得到我想要的，我比一般的读者离他更近，这是真实的存在。回避不仅不自然，而且不忠厚。

一切仰慕和误读，都让我有描述一个更真实的余秋雨的冲动和决心。

有一天，我说，我在外面读到和听到一些有关你的文字，我觉得他们并不了解你，不熟悉你，无论拥护还是维护，都没说到点儿上，还有好些男人间的勾心斗角，讨厌死了。我来写一本书好不好，写我眼里的余秋雨，一个《文化苦旅》之外的余秋雨，一个日常生活里的余秋雨。

人们需要和愿意看到一个真实的余秋雨，年轻的读者将会从我们师生的往来与友谊当中，感受到一个可亲的率直的余秋雨。

结果几年都过去了，我的书还没有写出来。

我总在说我还没有准备好。

其实写的冲动一直都在。就像所有关于他的热点，从不休止。好些情形，好些句子，自己会跑出来。感觉无时不在。甚至不需要准备。

但有件事情一直没法跟自己讲清楚。

书写一位影响过自己成长走向的名流，会不会有哗众取宠、媚俗讨巧之嫌？我讨厌这样。我不想我们之间的关系蒙上那些模糊和不纯净的投影。

直到重读米歇尔·芒索的《闺中女友》。

就这样有了这本书。

那是一次偶遇，更是一次暗合

成为余秋雨的学生，肯定不是我撞上的。

多亏那次失意。人在穷途末路之时就想要远走他乡，二十四年前我决定离开南京大学的教职岗位时，像不少人那样，选择了报考研究生。这是一条轻松得多的捷径：不需要走关系，不需要办调动，不需要去求人，只需要参加考试。

我站在南大图书馆书架前，不停地自问：我考什么？我考什么呢？这有点可笑。读了四年大学中文，一直没能弄清楚自己究竟想要"搞"什么。这在治学严谨的南大，是不可原谅的。个别老师和同学认定我有点才华，但没有人认为我是个好学生。毕业时我被模模糊糊分来分去，最后分在写作教研室，给学生讲写作课，可我却躲在心里反抗：写作是教出来的吗？我大概也不是个好教师。

那是选择的开始，太过学究和专一的研究领域，会要我的命，我一直都在拒绝。一辈子躲在书房里专攻一段或某人的一生，淹没在别人的生命与世界里，定会叫我了无生趣。我开始往四处发信，骚扰我的一些同学，以及同学的同学。我一个劲地打听：你们那儿有没有那种泛学科的、不那么确定研究方向的"专业"？也许正好有那么一位老先生，一时"想不开"，愿意招三两个我这样的人做研究生？

想要的回答真的来了！那是一封来自上海戏剧学院的信。我第一次知道了余秋雨的名字，并且一下就从来信里感受到，这个余教授可能还挺欣赏我的。

1986年上海戏剧学院的研究生招生科目别具一格，以余秋雨教授为主的导师组联合招收"戏剧学"研究生，除了余先生的艺术、戏剧美学，导师组里还包括戏曲学教授、欧美戏剧研究教授、中国现当代戏剧研究教授、戏剧表演学教授、舞台美术学教授，他们都是上海戏剧学院教学、研究领域独当一面的精英，所以要联合招生，本意也正在于不急着框死学生的研究方向，想要培养几位全方位的戏剧通才。

这样的方式，光是听上去就叫我喜不自禁。

上大学时我是中文系戏剧社的骨干分子（每次排练《雷雨》，扮四凤说"已经四个月"时，会笑得蹲在地上起不来），系里的所有戏剧课程我都选修过，曾历任各戏剧科目科代表，这也是我四年大学生涯唯一的"官衔"。喜欢倒是真喜欢戏剧，但要把这样的爱好缩小至某一段戏剧史或某一位剧作家的定向研究，从来没主动想过。上海戏剧学院的意思，既能满足我对戏剧的热爱，又不至于一头扎进某一只牛角尖一辈子出不来，我喜欢。拜拜了南京，我要去上海。

向我提供信息的人告诉我，这是余秋雨的思路，这在上戏是第一次，在全国也是首创。

余秋雨的名字，正是伴随着"独特、开放、宽容、自由"这些我爱用的词进入印象当中的。当然，最重要的，余秋雨的方式，也仿佛与自己朦胧中想要的方式暗合，这个名字头一次出现就让我有了亲切和认同感。

直到那时，我才开始读余秋雨的学术专著，《戏剧理论史稿》《戏剧审美心理学》《艺术创造工程》等等，一下又掉了进去，简直相见恨晚。

对于一个不习惯在一个封闭体系里看字读书的年轻人，余秋雨学术专著里那种大开的、放射状的思路提供与线索展示，让我的眼睛完全不能停住。仿佛跟着他在跑步，拐过一道弯儿，眼前豁然会出现数道门，每道门里的情形，又都是我急于要获知的。我一边跟着跑，一边会涌出许多的想法，一些是突然想到的，一些是早已沉淀在某一角落的，只是突然因这阵风的掠过，飞扬升腾。那些书，应该是我那时为止读到的最过瘾的学术著作，是我四年拉拉杂杂东翻西看大学学习的最终总结与升华。很难描述那种感觉，总是惊喜，甚至有些扬眉吐气的意思。南大的教育是十分严谨和素有传统的，一切都有条不紊地进展了几十年近百年。我天性散漫，很多时候觉得自己融不太进去，或是不入流，成不了最好最优秀的学生。总是不太高兴上系里安排的课程，只热衷于四处听讲座，南大校园里的听不够，还跑去南师、南艺听，一些讲座能一下把我的眼界打开，新奇与新鲜的风迎面而来，让我莫名兴奋，还无比充实。当时读余秋雨的书，就仿佛听一个接一个的讲座，不再被日间的课程打断，很过瘾，并且心里慢慢地还会升腾起隐隐的牛气，觉得自己四年大学学习也似乎并不那么一无所获，至少让自己具备了领略新思维、新思潮的能力。更重要的，是领略过程当中为自己带来的无比快乐。同样是学术著作，我不仅领略了余先生开放式的思维，还读出了满篇磅礴大气的文笔，对成为余秋雨的学生更多了神往和信心。

许多年后，有记者问余秋雨，为什么要拒绝国内许多出版社关于重新出版他早年的大批学术论著、大量单篇论文的建议。

余秋雨回答说：

> 对这些学术著作，我还是"敝帚自珍"。在"文革"灾难年月，我们这一代人目睹我国文化教育领域一片荒凉，便把思想解放运动、自我学习运动结合起来，开始了新时期各个领域思维文本的重建。在几乎没有现代资料的情况下，我们是在极"左"思潮的围窥中边自己翻译资料，边自己写作这些书的。我的那几本，虽然因单位所在，冠名"戏剧"，其实论述的都是我们失落多年的整体现代文明。现在的年轻人大概很难想象，当时我只是为了从正面来论述尼采和叔本华，不知和责任编辑承担了多大的风险。但是那个年月又充满了一种群体兴奋，我们知道每一位没见过面的战友，也熟知那些一有机会就会用棍子和帽子来阻吓我们的人物的名字；更让人激动的是思想解放的步伐一日千里，我们那些备受质疑的著作快速获得肯定并一一填补了教材的空缺。例如我的第一部学术著作不仅当时获奖，而且在作为教材使用十年后又获得全国优秀教材一等奖，每次获奖都会收到全国各地学术界同道的大量贺信，因为这不是一个人的胜利。因此，现在看这些旧著，仍能回想起那风起云涌的

那是一次偶遇，更是一次暗合

不平岁月，只不过我在同一学术辈分中最为年轻，当年
的战友们有的辞世有的老迈有的远行，留下我深感寂寞。

他还说：

> 我怕喜欢我散文的广大读者产生迷惑，也去购买这
> 些学术著作。如果这样，对他们是不公平的。有些出版
> 社可能正有这个意图，我不能掺和进去。学术著作再好，
> 也不适合一般阅读，更何况我这些年系统考察了人类几
> 大发明，对于学术著作中的不少论述已经积累了大量补
> 充和修改的材料。

那是当然的。成千上万的读者是从读余秋雨的散文开始认识
余秋雨的，而我这个糊里糊涂的学生，更是早在他们十几年前，
就已经被学术著作里的余秋雨所吸引。从最初的研读余秋雨学术
专著，到后来一直读他的散文，我应该是自始至终的铁杆儿读者。

20 世纪 80 年代到 90 年代到 21 世纪，学界与社会的各种思
潮变化太大，就是余秋雨也在不断地更新着自己。有时，身边的
熟人、朋友，还会在我面前纠缠他昔日的作品或观念。作为学生，
同时又是一位亲近的读者，我最能感受到的，总是每一个"现阶
段"的余秋雨。

我说我喜欢你的《千年一叹》，我更喜欢你的《行者无疆》，
它们总是越来越松弛、自然，越来越开阔和超越本土，今天我为
是《文化苦旅》更好还是《行者无疆》更好，跟人理论了半天。

他说是吗，你喜欢《行者无疆》，太好了，我太高兴了。

他对自己的创作有他清醒的看法，我们能够客观地总结它们。让我高兴的是，我们很多时候会是一致的。我们平等地谈论他每一阶段的创作，我喜欢毫不顾忌，想到什么说什么。

因为相对年轻，对所谓的中国传统文化无动于衷，感情甚微，多些时候还抱有恶感，所以在余老师面前喜欢说些年少轻狂的话，包括对他早先作品里那些太过投入的中式文人情怀。他从未不悦，有时还特别的欢喜特别的开怀。这是我一贯喜欢在他面前说实话的前提。

有作家朋友在我面前谈论余老师的散文，他们有自己的看法，我表现平和，并不强求，总说这很自然，大家都是写字的，各有各的路数，也各有自己的读者，一切顺其自然才好。我说我只知道余秋雨从不指责别人的写作，我做他学生时他都反对我们写"商榷"文章。

其实也是，说是"商榷"，不就是要求人家同意你吗？我说我一听"商榷"这个词，就闻见一股酸臭、迂腐味儿。它总像是挂了一张和和气气的脸，又是拱手又是作揖，各项礼数不厌其烦，骨子里却摽足了劲要叫你服他，十二分的狭隘。上大学时我的一位"才子"同学在某杂志上发表过一篇几百字的文章，原作有近万字吧，上下五千年地引经据典，目的只在与某人和某些人"商榷一下"，被删得只剩了二百来字，放在一个什么"求疵"栏目里，弄得我每次见他都问"最近又写了什么求屁文章"？

我说余秋雨这人挺大气宽容的，包容性很强，挺现代的，不过你们都有点老土，有点小农意识。

对个别零碎而尖刻的谈论，余秋雨的反应克制、冷静，话说得在我看来很高贵，极有水准，并且我认为有广泛意义。他说：

> 一个作家在批评别的作家的时候一定要自我约束，因为作为作家的你，必然是个性化的，排他的，不与别人混同的，避免与别人共用一个艺术尺度的，不会借用别人眼光也不会在乎别人眼光的。这种特点使你与别的作家各自独立，你偶尔有可能谈谈一二个与你生命结构有粘连的别的作家，如果随意地把某种跨结构的阅读陌生感发表于报刊，结果只能给自己过不去。

后来《行者无疆》出了珍藏版，精美别致，里面还有一张黑底白字的名片，上面是余老师手书的杜甫诗句："所向无空阔，真堪托死生。骁腾有如此，万里可横行"，足见其取向。

余老师送我一本签过名的，我很珍惜。我把它们和《文化苦旅》《山居笔记》《千年一叹》《霜冷长河》等书放在一起，自以为比别人更深谙这些书中的历程和岁月。

十几年里，不管老师，还是学生，其实都在找寻和确立自己。顽固不化和拒绝时代，是可耻的。而轻易否定和丢弃过往，不仅不可能，而且不真诚。

私下，总是无比庆幸在那样一个关键时刻读到了余秋雨，领略了余秋雨。那是一次偶遇，更是一次暗合。未来的三年，十几年，我会是一个幸运的学生，亲近的追随者。

以后许多年，也一直会是努力的模仿者。

十五年前，书房中的余秋雨

出租车穿越华山路。

梧桐树叶，衡山宾馆，甚至丁香花园，但就是没能晃见上海戏剧学院那块招牌。

因为多出来一条高架桥，我把上戏彻底给丢了，连带那家溢香的法式面包房。

余秋雨说，马小娟你应该回上海看看，上海的变化很大。

可我总是途经上海，一刻不停。即使现在，也情愿坐在浦东巨高的金茂大厦露天咖啡座上，喝咖啡，发呆，隔着条黄浦江，远看上海，懒得下去。

那底下的世界精彩是精彩，繁华也是繁华，感受得到，但不必亲临。我喜欢这样子。

旁边有个摄制组在工作，应该是在介绍新浦东。摄像和主持人在忙，镜头频频扫向林立高楼，那是新浦东的天际线。其余人则和我一样，在露天平台消受。我听说，这座中国最高、世界第三的金茂大厦在竣工后，决定请一对上海夫妇在总统套房"首住"。请哪一对呢？太老的不足以体现这座建筑的现代感，太年轻的又怕承担不了它的重量，选来选去，选了余秋雨夫妇。上海，是他们的居住地之一。

在北京见到余老师，我说我喜欢金茂大厦的现代感，电梯像飞一样，一下送到空中。我在上面安安静静喝咖啡，隔江看上海，像雾里看花。我还说，有一天我希望自己能在上海买一套房子。

上海的气息，北京替代不了。

上海在我心里，总是欣赏却下不了决心去亲近，迷恋她的文明与国际化，但对自己成为一个上海人毫无信心。

上海总是在下雨，背景模糊。

1989 年夏天，我打着伞，赤裸双脚，糊里糊涂走进那些淌水的街巷，怯生生去敲那些陌生的门。

"这是我的研究生毕业论文，请您当我的答辩老师。谢谢。"

那应该都是精选出来的对中国当代戏剧有研究成果的上海学者、艺术家，他们多数住在三两层的旧式小洋楼里。楼梯逼仄昏暗，厚实的旧的木地板横在眼前，陌生中带些淡漠。我懵懵懂懂地来，懵懵懂懂地离开。

那一天好像一下游遍了上海，又好像在向上海作最后的道别，我出现在上海的一个个公共汽车站，在人群中挤上挤下，走进那些不动声色的小洋楼里，一家一家发放我的毕业论文。最后，连雨都下累了，我夹着我的伞，转车搭乘去西郊龙华的公交车。

记忆中那个地方很远，汽车到达终点后，我茫然四顾，不知从何下手。

今天为帮助自己再想起龙华那个地方，再想起上戏教师宿舍那个小院儿，我特意翻出余秋雨老师写的那篇《家住龙华》。

这篇文章在多年前看过，发现此刻再看，感受已很不一样，除了感动，又多出几分清醒、旁观的审视。甚至想，即便是他自己，也未必察觉到自己那时不自觉流露出来的一种怀疑和动摇？

那是一篇与死亡有关的随笔。不知是因为家住龙华才引出死亡的话题，还是因为连着参加了几次上海文化界友人的遗体告别仪式，余秋雨这篇病中的小文显出少有的伤感、迟疑。

那都是些中年早逝的教授、学者，余秋雨在悲悼友人生命早逝的同时，也反观了自己生命的形式与可能有的结局：

> 昨夜读的是霍达的《国殇》，才读两页，纸页就被泪水浸湿。他们也是中年，他们也是教授，全死了……
>
> 仪式结束了。我默默看看大厅里的种种挽联，擦不完的眼泪，睹不住的哽咽。突然，就在大厅的西门里侧，我看到了我的另一位朋友献给陈旭麓先生的挽联，他的名字叫王守稼。但是，他的名字上，竟打着一个怪异的黑框……
>
> 直到去世，王守稼依然是极端繁忙，又极端贫困。他的遗嘱非常简单：恳求同学好友帮忙，让他年幼的儿子今后能读上大学。这也许是我们这一代最典型的遗嘱。

恕我年轻放肆，今天，在悲怜与痛楚的后面，我却读出了余秋雨的矛盾与放弃。矛盾不是对某个具体的人人品、学识的怀疑，放弃也不是对他们个体生命、事业的否定，这矛盾与放弃，应该是源自余秋雨自我深处对生命形式的追问，源自对中国传统文人生命结构的动摇。他在这篇小文的后面追加了一笔，说它在《小说界》发表后在上海的文化界引起反响，还在一次"上海人一日"

010 十五年前，书房中的余秋雨

征文中获得首奖。他说这大概是由于评委都是文人，对他笔底流露的某种苦涩也有一点切身感受的缘故。我却依然愿意沿着自己的思路想下去：看来许多人都困在其中，更多的人沉浸于这种群体的困境中，相似的生命结构、相同的人生境遇，因为惊人的重复，反倒让他们相互间有了些许的慰藉甚至支撑，他们心甘情愿将自己划归为某一类人，并自认人生也终于有了一个归附。这种对苦涩的所谓"感受"中，根本没有任何的反省成分，反倒多多地透出这个群体由来已久的自得与自赏，而个人生活中的一些不如意甚至失败，反成了社会对他们的亏欠。很少有人能从自己的角度来反省这样的人生境遇。人们没有足够的能力或勇气，最终找到一个出口突破出来，成为独立的个体。

告别仪式上的余秋雨，有点像一位正在观看布莱希特戏剧的观众，他的身份与情感，把他拉向那个特定的哭泣的场景中；他的自觉与理智，又在把他往外推。他始终没能一头扎下去，淹没得连根头发也望不见。

他还在岸上，看到别人，更看到自己。所以他伤感，迟疑。

我知道他可能不接受我这样直接。但是旁观者清，如果不这样，不会有未来的余秋雨的。

余秋雨的灵性与聪颖，还有潜伏在他江南文人儒雅外表下的强者基因，注定他要走一条不同的路，注定他会成为《文化苦旅》《山居笔记》中的余秋雨，《千年一叹》《行者无疆》中的余秋雨。

龙华的日子，更像是余秋雨未来"出走"的热身阶段，住的时间虽不长，却是前一种状态的了结处，未来全新生存状态的起始点。

几年后从龙华这里离开的余秋雨，走出书斋，也走出上海，走向海外，红遍全国。

那时上戏的教师宿舍刚搬到龙华，我们听了都觉得那地方紧挨火葬场，又远又凄凉，多不吉利。当然那些将要乔迁去那里的老师们，自己就更有说法了，"到时候觉得自己不行了，用不着向殡仪馆叫车，自己慢慢走去就是"——余秋雨把说这话的老师称作"最达观的"。还有一位想象力更是了得，居然安慰大家："它不至于只会就地取材。"余秋雨说自己素来是乐天派，"相信可以把这样的笑话轻松地说它几十年"。

我听见的是系里的老师议论后来各家的装修如何如何，某位老师家有点古板老式，某位老师家又过于简陋土气，说余秋雨嘛毕竟年轻现代，收入也比别人的多一些，所以家里装修得"老洋气咯"。历来在上海人的标准里，"洋气"一词就是最高级最好的了。

这之前我没去过余老师的旧家，不知是个什么情形，只记得同是我们导师的叶长海老师，一家四口就住在我们的宿舍楼里，才一间宿舍。后来叶长海老师也是那次搬去龙华的。那时还没有买房一说，在上海，有一套宽敞的属于自己的房子就很不容易了，乔迁之喜多少也减弱了些对那里环境的联想。

那时的龙华还很混乱，没怎么规划，我在公共汽车总站发了会儿蒙，这一天里到处问路都不耐烦了，于是认准一条道就开始往前走。

终于走到上戏教师宿舍小院儿里，门房的老头听说我要找余秋雨，很热情，一边热心给我指路，一边还叨念："你要找余秋雨？我晓得咯，余秋雨啊，找余秋雨的人老多咯。"

20 世纪 80 年代中后期，余秋雨的名气虽远不如现在，但在上海的文化界和各大学院校，却是响当当的。那时大家思想都很活跃，上海的不少大学都请过余秋雨去讲课，记得当时我的一位正在上海师大进修、与余秋雨同龄的女朋友，因为听过他的几次课，每次说起余秋雨，都是一脸的敬佩，对我成为余秋雨的学生更是羡慕得不得了。也可想而知，那时找到他家里研讨学识、请教问题的人一定也少不了。

我站在他家门口，敲门。没一会儿，余老师睡眼曚眬地来开门。一看是我，又回去穿好衣服，这才把我直接引进书房。

我在外面转悠了一天，净跟些陌生人打交道，这时见到余老师，好像投奔延安的小青年找见了共产党，坐下来就开始说话。他坐在书桌前，面向我。外面的小雨又稀稀拉拉飘起来，屋里有些模糊，像在晚上。

印象中我从进门到离开，都没来得及离开那把椅子。我完全忘了欣赏他的新家，只记住一屋子的书。

很多年以后我去他和马兰在深圳的家，进门看见他家的纯木地板和我家的一模一样，乐得大喊大叫。那次我没忘了从容地把他家参观一遍，客厅里有一只我家也有的大大的藤编篓子，里面堆些报刊杂物。饭厅墙上挂着一套少见的木头餐具，拙拙的、笨笨的。书房里也有台电脑，却不常用。

是我喜欢的那种家：不必太过豪华，摆设一定要大方空灵，还要有几样家什是有来历的，不那么昂贵但是主人心爱的。

他说这么远的地方，要转好几趟车，问我怎么找到他新家的。

龙华这里我那是第一次去，我说我糊里糊涂转了几圈，最后认准一条路往前走，莫名其妙就到了上戏教师宿舍。我说也许是直觉。

他马上高兴起来，大谈起直觉，一些与直觉有关的记忆。说得津津有味的，弄得我都有点不好意思，因为我在外面已经糊里糊涂转了半天，最终也还是糊里糊涂站在了他家门口。第二次再来，还会找不到。

他却还在谈直觉。他喜欢这样，对直觉、感应，甚至巧合这些奇妙的体验从不排斥，总是满怀惊喜，这让他一直年轻、感性。身为教授、学者，又满怀艺术家的性情与天真。

正是我喜欢的。

"一个大光头上打着余秋雨的名字，好玩吧"

　　我知道有人不喜欢他这样。有回在校园里遇见另一位老教授，他就向我批评起余秋雨，责怪余秋雨在文章里给一位年轻的、现时段的剧作者的作品给予了过高的评价。

　　"这样很不慎重，余秋雨不能随便给这样的一个作品下定论，他不是一个普通人，他是教授，是名人，他的话是会有后果的，他怎么能这么随便！"

　　我朝那位教授傻笑，我其实还是蛮尊敬他的，只是想问题和说话的方式差距太大，只好以傻笑为武器，免作停留。

　　其实最欣赏的就是余秋雨的亲和、率性，干嘛要假装一副教授、名人的样子，满脸慎重？太奇怪了。

　　其实上戏的老师与别的正统院校的老师相比，就已经够亲切可爱的了，他们可以和学生称兄道弟，有的讲课时也会跳到讲台或窗台上去，若再加上思想与观念真正现代化，上戏的俊男美女及我这样的次次美女们，没有不欢迎、不服气的。

　　余秋雨上课没有那么多的讲义，台子上只放着个笔记本，似乎也很少打开。坐在一张椅子里，也没有水杯什么的，不紧不慢地、语调平缓地聊着。

中途休息，男生总是把他围住，探讨。我不知道他们究竟探讨什么，我几乎没有与他探讨过学术问题。我喜欢安静地听，被他的方式、说法触动，安静地在心里想、思考。他的话，只是转动和打开的钥匙。他们谈得似乎挺投入。男人们喜欢讨论问题、争论问题。男生都唯恐自己没思想、没脑子，他们更喜欢在他面前不住地表达和表现。女生们喜欢用自己的感知去接近他的体系。

他授课的时候，经常会有"全方位"、"立体"、"宏大"、"放射状"、"裹挟"、"喷发"这样一些充满力度和动作感的词汇，在课堂的环境里，成为推动我思维全面打开的夯号，让我的脑子海阔天空、无所不为。回到宿舍，我们又更愿把这些词汇用于我们的日常生活、闺房言谈，经常把它们用得妙趣横生。比起男生，我们女生活学活用，更像是余秋雨的"嫡系部队"。

那时除了听课，在上戏的小院里见到余老师，他都是随意地穿条牛仔裤，手里拿着饭盆，走在学生堆里，去食堂打饭。

哪个系的学生都爱与他拉上话，攀上点关系，也包括毕业后在外面搞电视时真的假的都打上"艺术顾问余秋雨"。

上戏的学生在外头搞电视剧，应该是始于 20 世纪 90 年代，那时经常看到和听到一部什么什么电视剧是余秋雨做的艺术顾问，一个什么什么电视演员的写真集是余秋雨写的序，有次问起他，他哈哈笑，言语中从未流露过追究，只告诉我这样的事太多了，肯定比你听说的、知道的多。有次还开心地说起有人告诉他，他的名字正好打在屏幕的一个大光头上，蛮好玩儿的。

那出电视剧我还真看到过，导演正是上戏的，我还认识。

你想想，一个大光头上打着余秋雨的名字，好玩儿吧。别人告诉我的时候，我自己都笑了。他说。

是的，那都是自己的学生，除了打着幌子想多争取点观众，提高一下收视率，他们没有恶意。他知道他们至少还在老老实实做着一件具体的事情，还没有沦为那种无聊又无行的中式文人或掮客。

我还听说一位分至北京的表演系女生，找到余老师在北京的住地，大谈她要在北京开家妓院做妈咪的雄心壮志。可惜跟我说这事儿的人没有打听到余秋雨的反应，我也只是想，亏了他能有耐心听如此生猛的女学生神侃。也难怪，凡是上戏毕业的，都爱说自己是余秋雨的学生。学生太多，他又总是一视同仁，也难免会有哭笑不得、无可奈何的时候。

我那时和现在差不多懵懂，凡事不打听，对别人背后的那些事情没有太多兴趣，即便是对自己尊敬或者关注的人，也只是听凭自然去感觉去了解，想不起来要去打听点什么。很多事情都是全世界都知道了，我才听说。这样的脾气往好里说，是好相处，不多事儿；往坏里说，是生性漠然，待人缺乏热情。

对于我们天天挂在嘴边上的"秋雨兄"，我也一样以自己一贯的"处世"态度对待，从不主动去打听他的生活和家庭。但有些传说或是细节，一旦听到又有了感觉，会很难忘记。

毕业后有同学跟我说，在上戏读书时，有一年春节余老师独自一人在沪过年，冷冷清清。按照惯例，大年初一一定会有拜年的学生不断上门来，但那次他怕他们问及当时的师母，他不想他们察觉到他那时家庭生活中的孤寂与真实，竟悄然出走，躲到没人知道的乡下去"避年"。

听过就没忘了。

甚至在很多年后我自己也遭遇过这样的"年"：突然之间人为制造出来的过年气氛，会把你的孤独放大到一个极限，那种寂寥，还稍带点强撑着的面子，脆弱得不能被外人稍稍碰及。甚至都不敢接电话，任何一声问候都会让我全线崩溃，嚎啕大哭。

　　这样的经历，过后总让人愈发的坚强、强大。也让我懂得，再坚强、再热闹的生命，都有它软弱、清冷的时刻。这样，便什么也不用太在意，什么也都会过去，在自己一切顺畅如鱼得水之时，不至于面对别人的失落、低沉而得意忘形；在自己倒霉潦倒之时，也不至于在别人的得意、辉煌面前自惭形秽，大家只是刚好所处的时段不一样罢了，没关系的。

　　这样一来，往好里说，有点像某些古人那样是"不以物喜，不以己悲"，往坏里说呢，也就是茅坑里的石头又臭又硬。

　　后来也是在北京，从上戏来北京的表演系同学告诉我，余秋雨老师快要结婚了。我懵懵懂懂地问，结婚呀，跟谁结婚呀。那时才知道，原来是和马兰结婚。

　　刚开始还有点怕给余老师家打电话，害怕马兰接电话，主要是不知道怎么称呼。后来听余老师一口一个马兰，也就在电话里放开了直呼马兰。

　　后来也是在学生和老师成为真正的好朋友后，才有可能谈及各自的家庭与爱情生活，他也像我们所有热爱生活珍惜生命的狗男女一样，不思悔改，注定要在两性关系里沉浮起落。有苦闷，也有欣喜。只是偶尔谈起过去，我会用我的方式笑他，我说哎呀你以前怎么那么土啊。他说是土，以前的人都那么土的啊。

　　这个时候又会让我想起刚到北京时给他写信描述自己的生活，他说他羡慕我们的年轻。心想谢天谢地幸好自己不是他那一代人，

"一个大光头上打着余秋雨的名字，好玩吧"

要不现在一觉醒了多替自己难过和可惜。

现在聊天，谈起各自的情感生活，他会说，两人之间年龄的差异有时反倒会给双方带来意想不到的惊喜。我总是同意得小头乱点，愉快极了。即使是在这件事上，我这个徒弟也是步其后尘，无意中又成了他的模仿者。

第一次看到我的笔名"哈马忻都"，他奇怪我干嘛叫这么个名字。我嘻嘻笑，不好意思原原本本告诉他。那时正是"黄爱东西"这样的名字盛行，又听说一些所谓时髦的上海人广东人，也兴把孩子的名字凑成四个字。那时我要用自己的这个笔名发表小说，杂志的总编就明显表示反感，说不行，人家还以为我们开始发外国人的小说呢。我心里叫苦，都是凑巧，自己和流行、赶时髦根本不是一回事的。但依了自己的性子，一下子又不想特意去解释什么、说明什么。管它呢。

好多年后，我在余秋雨的《千年一叹》里读出他对伊朗的历史和自然还挺有感觉，对波斯人在古代中国的"工作与生活"还津津乐道的，便一下子就又愉快起来，躲在写给他的信里开玩笑，问他是不是觉得我身上也有那么一点点"异族"痕迹。我说我的祖先就来自波斯，娶了一位蒙古女子，我从老家家谱上拣来这第一个名字"哈马忻都"，觉得好玩儿，就做了笔名。但事实上我对这四个字的真实意义一直糊里糊涂，不知所以然，别人问起，也总有点不太好意思。有一阵子我一遇到蒙元那段历史，就想考古，想弄清楚自己家族的来龙去脉。

就这么一说，没想到他不仅挺当回事，还特别有兴趣，在电话里兴高采烈，还带着些许的天真与冲动，起劲地鼓动我，要我一定要写篇文章，写自己对那个拣来他名字的祖先的想象、猜测。他是一个怎么样的人？他做过些什么？相隔九百多年，没有他的任何信息留下来，只是拣了他的一个名字，还有血脉里不知道还有没有的一点点血。他一再说你要写，那一定很有意思，你一定要写一写。

他的语气和热情，恨不得我放下电话就应该在电脑前狂敲起来才对。

我没好意思说这篇文章我都想了好几年了，但总想考古又考不到，十几年前老家出土一块这位"哈马忻都"老先生的墓碑，说俺家的先人来自波斯，因为护国有功被元世祖赐了一位蒙古姑娘脱脱努做夫人，后来这位先人还做了元代的丞相。丞相和蒙古女杂交生的孩子里就有被老家奉为忻都公的始祖。那一阵兴奋得我和我弟四处考古，最后也不知我弟从哪儿考出的，说这位"哈马忻都"老先生根本就是位奸臣，是作为对他的惩处才留守在江南不得返朝的。老家家人听得跳脚，说不是奸臣，是弄臣啊！我呢，从一些元史资料上还真把这父子俩对上号，他们的来处与去向也都和老家墓碑说法相近，但因为一直没有机会和时间去啃那一大摞巨厚无比的新旧《元史》，所以总觉得不是一手资料，说起来也都是野史，不好乱写，乱写就好像要攀附什么似的。搞来搞去文章才一直没写出来。

不过这位"哈马忻都"老祖先也够风光的，不仅我把他大名拣来做了笔名，时不时地在当代社会里闪回那么一下子，而且我老弟也对他念念不忘不肯放过，在日本生了个女儿，也取名叫"哈马忻都"，搞得我们家净是女哈马忻都。

没想到这件事让余老师的兴致这么高，我当然乐得哈哈的。

"一个大光头上打着余秋雨的名字，好玩吧"

最高兴他对这篇要写的文章思路与我大相径庭,他根本不提什么考古的事,只一味要我放开了想象去与那位 900 年前的老祖先会合。

为此他启发我,问我记得某某某吗(一位上海戏剧学院的同学,抱歉我这会儿又忘了他名字了),我说我不认识他。他马上告诉我那位校友现在的服装生意做得很好,是上戏学生里生意做得最好的。不过他要跟我说的不是这位校友的生意,而是这位校友写过的一出非常好玩的戏:有一天他的剧中主人公突然想搞清楚自己的祖母究竟是个什么样的人,于是他到他祖母生活过的村子里去住,去打听,最后的结果是他发现村里所有的老头都可能是他的爷爷!

我听得哈哈大笑,前仰后合。

他还在电话那边鼓动我,你一定要写,一定会很好玩的。

我说好好,我一定写,一定不考古,一定放开了写。

在这件事上,他表现得比我要可爱和有趣,要更多感性。我十几年都没写成的文章,他一听到就表示出极大兴趣,就有了一连串的想法和说法。其实这一次,我还真有点钻进"家史"里跳不太出来,还有点想要追根溯源的意思。说穿了吧,还太投入,太理性。而他不,他一听我说,马上就有了另一篇文章的感觉,马上就把一个他眼里的马小娟,和九百多年前的一位老祖父速递到同一个空间,想象的翅膀也就愉快地扑棱开了。

他就是这样的,对他学生的任何一点想法、创意,从来都是津津乐道,褒奖有加。我曾几次从别人那里听到过他对我写作能力的肯定,而我甚至想不起来自己在上戏时有过什么可以拿得出手的作品。在他眼里,学生只有有创造力与没创造力之分,他不会拿幼稚、不成熟这样的概念去衡量、看待他们。

我熟悉的一位表演系男孩，写电影剧本，也写小说，挺有才华长得也不差的一个人，就是不肯好好练功，劈大腿拿大顶什么的，最后毕业时形体课没过关。走投无路之下，他就咬着牙去找余秋雨。

学生们总是这样熟悉了他的取舍，希望以自己独特的才智赢得他的帮助，得到他的赏识。

我写的一个小说，最后男主人公消失了，我一时不知把他安排上哪儿去。那时正好在看余秋雨的《行者无疆》，一着急，就想到要把他发配到凤凰台的"欧洲之旅"去当摄像，让他跟着余秋雨去欧洲。女主人公是在书店看到余秋雨《行者无疆》最后一页的名单时，才无意中得知男主角的下落的。我还一不做二不休地，把余秋雨安排进我虚构的一个场景当中，让女主角哭哭啼啼，非让余秋雨转告她对男主角的思念不可。书中的"余秋雨先生"还一口承诺下次再遇见男主角，一定替她转告。搞得一位自己都出版过好几部长篇小说的女同胞，明知这是不可能的，还是忍不住特意去找来余秋雨的《行者无疆》，傻乎乎去翻那最后的名单，想真的找到我的男主角的名字。这事把我得意得哈哈大笑，我说我得去找他要提成，我给他书做广告了。

我这应该是把虚构的人物放入真实的事件，又把真实的人物放到虚构的场景中，自己还挺得意，有点好莱坞《大玩家》的意思。可我老爸看过后立马把我喝斥了一通，认为我如此随意，如此不"严肃"，余秋雨本人看到肯定会不高兴的。我老爸勒令我必须把书名和人名虚幻掉，说这样读者也许会联想到余秋雨，但你

"一个大光头上打着余秋雨的名字，好玩吧"

决不能用余秋雨的名字。我说那多不好玩啊，再说他才不会生气，他不会那样的，他要那样他就不是余秋雨了。

后来把小说给余老师看了，还一个劲追着他问，看完没有，看到最后有没有狂笑。

他在电话里愉快地告诉我，他把我这个"得意"的学生介绍给凤凰台的王纪言听，跟他讲了我小说里的那个结尾，结果王纪言听得直说这可是后现代啊。

这就是余秋雨，和学生之间总是愉快的，好玩的，从不把自己凌驾于他们之上。

后来也经常在余秋雨的文章中看到他提起自己的学生，甚至与凤凰卫视走到欧洲时，也有从前的学生闻讯后老远地赶来。那都是他在上戏做老师与院长时的收获。

和别的高等院校相比，那时上戏简直是袖珍型的，一幢教学楼，两座宿舍，几百名学生，每天在个小院儿里抬头不见低头见，过得就像一大家人。在前有南京大学那样的正统高等院校的学习生活，后来又经历十几年的社会生活之后，再来回忆上戏，上戏学生和老师那种集体性的天真可爱，真实单纯，一下就又涌到眼前，整个人也会随即愉快和轻松下来。

那时上戏女生的漂亮在静安寺一带是出了名的，围墙之外，真是不知有多少双艳羡的眼睛。很清楚地记得，在校园里从没打过招呼的校友，出了校门，遇上有女生被人欺负，男生一定会冲上去把人揍个屁滚尿流。"我们的女孩也敢碰？揍你！"上戏男生的爱打架也是出了名的，偏偏上海人多数都不经打，据说还有连人带椅子一块儿被上戏男生给扔到大街上去的。时间长了，"小瘪三"们反倒对上戏的学生生出几分敬畏，对那些清纯美丽的上戏女生，也只有可望不可即的份儿了。

在那个小院儿里，一个人的事往往会成为全校的事。比如某个漂亮得人见人爱的女生和老外谈恋爱了，谈了半天发现老外是个骗子，不仅穷而且不想娶我们。于是全校的男生都火了，"揍他！"可怜的老外就被揍个半死。又比如终于有人被某个剧组的副导演选中去拍电影，消息一经核实，大家就在校园里不停地高喊他（她）的名字，仿佛新皇登基。戏文系的学生虽不会有这样辉煌的时刻，但也自有乐趣，比如某位石姓同学不幸比同班同学年长三两岁，大家就都叫他石爸爸，时间一长，老师也跟着叫石爸爸。课堂上，老师就那么指着石姓同学，"你，石爸爸，你来回答这个问题！"

对于沉浸于书本与所谓学问中的人们，上戏校园中感性、放达、天真的氛围，刚好冲淡他们身上的迂腐、单调与沉重。我相信在上戏经历了求学与育人岁月的余秋雨，之所以至今还葆有一颗年轻、强健的心，上戏学生那些从里到外的灿烂朝气与蓬勃生命力，是他的营养之一。他总是能够从年轻人那里获得活力与认同。

那几年他的内心也正处在选择当中

回头再看 1989 年夏天，看见自己坐在那儿，面向余老师，背靠一整面倚墙而立的书架，手上傻乎乎捏着个他家冰箱里取出的冰激凌，满脸迷惑。

三年研究生生活结束在即，又一次选择，我还是不能完全肯定自己想去哪座城市，想干什么。天生不是一块咬定青山的料，因为没有爱情，我找不到东西来束缚住自己固定下来，我又开始想换一个城市去一个新地方。还好这回没有想到要考个博士生什么的。

我在学校发的职业选择意向栏里填了"清洁工"，被研究生教务处处长臭骂了一通。我说我不是开玩笑的，我说的是真的，清洁工天没亮出来劳动，那时整座城市都是他的，他自由自在地扫着大街。等到城市醒来，大多数人疲于奔命完全被城市淹没时，他却在蒙头大睡。"老惬意老潇洒咯！"我说。

我这时老老实实地对余老师说我真的想成为一名体力劳动者。看的书太多，脑子里面太活跃，有时候觉得自己无所不能，什么都能染指一下研究一下，有时候又很害怕自己进入固定的生存模式，觉得研究别人毫无意义浪费生命，关键是我得不到太多的乐趣。我还是不知自己想要"搞"什么。我好像被困住了，也许体力劳动可以解放我的脑子。

毕业在即，必得选择。我思想动乱，跃跃欲试，又不知朝何处用力。我在余老师面前毫不掩饰，滔滔不绝自说自话。

许多年以后我知道他习惯夜里写作白天睡觉，每次打电话找他，我会老老实实在中午十二点以后。

那次也许他刚工作了一整夜，也许刚刚才离开书房躺下，总之我这个不速之客搅了他的好梦。他坐在书桌前微笑着，指我手里：你先把冰激凌吃完，都化了。我才意识到自己的嘴一直忙于出声儿，没顾得上吃。因为从他那里感觉到，他不仅不反感我那些乱七八糟的想法，他还很愿意接着我的话往下说。

那是我三年里唯一一次如此坦诚地向他表露自己的困境，他听得非常认真、耐心，他还有那么点拿我不知道怎么办的样子，沉吟着，说你的问题不是非要从事某种体力劳动才能解决，应该还有别的方式存在。

很久以后我从余老师的文章中读出，那时书斋中的余秋雨，可能也正面临与学生类似的问题与困惑。

> 我记得，那是一个春节的晚上，我在安徽一山头独自赶路，四周静悄悄，很恐怖。我边走边想，这次考察所看到的东西，老百姓平常看的戏，我这个戏剧教授，事前竟一点都不知道。

那是 2001 年余秋雨结束"千禧之旅"时说的话。

　　"我相信，闭门研究文学和戏曲的方法，可能是错误的。"

　　后来在《行者无疆》自序中，余老师又提到那一次的经历：

　　　　我说话的对象，不是别人，正是十五年前的自己。十五年前那天晚上，也是这个时辰，刚看完一个僻远山区极俗极辣的傩戏，深感自己多年来的书斋著述与实际发生的文化现象严重脱节，决心衔耻出行。是从事社会义务，还是投身考察旅行？当时还不肯定，能肯定的只有一项，这个决定充满危险。你看这么一次实地考察，为了去赶清晨的早班航船，不得不独自在山间赶路，还捡了块石头捏在手上防身。文人离开书斋总是危险的，离开越远危险越大。

　　现在知道，那几年他的内心也正处在选择当中。不同的是，他依然怀有使命感，坚守在学者、文化人、艺术家的位子上，思考着如何从象牙塔中出走、叛逃，用自己的方式，完整和高扬自身生命的意义。那时他人还在那条轨道上，但离心力正悄然发生着作用。

　　而我，年少轻狂，无知无畏，决定扔掉一切书本轻装上阵。那天我卖掉了负笈求学以来所有的书籍、资料积累，甚至都没有耐心去找一家回收旧书籍的书店，我把它们连同一双绿色的长统胶鞋一起卖给了上戏边上的废品收购铺，其中包括一本上大学时父亲送的《康熙字典》以及一本厚厚的听余老师课时记的笔记。

就这么狠心和决断。我把卖废品得来的钱全部买了冰激凌，恶狠狠吃到要吐。

我对余老师说我要从事一项不过脑子的工作，要和一个做生意的人结婚，要去北京。

那时我完全像一个问题青年，如今被称之为"愤青"的那种，吃完了余老师给的两个大大的冰激凌，还是一脸恍惚。

那时刘索拉在艺术院校很有市场，宿舍里的人看过我写的那些发不出去的小说，就有人说我是刘索拉第二，我也每天会来上几句"Let It Be"。倒是最后坐在余老师的书房里，我"Let It Be"不起来了。我毫不掩饰，也再无意假装潇洒。在他面前，迷乱、郁闷、不知所措，都可以老实、真诚地表白出来。

我完全是个不争气的学生，晃荡了一年又一年，一直都像人们常数叨的那样"高不成低不就"。我坐在那里，毫无建树，肯定不是他最初所希望的，不知他是否懊悔过收我这么个学生。

我真替你着急。他说。

我感受到他话的诚意，他希望他的学生至少应该是快乐的。我还感受到更大的宽宏，他只说替我着急，并无意校正或否定我什么，他好像比我自己还了解我，好像知道我不会永远如此，知道我有一天会醒过来。我需要的只是时间。

他是对的，很多年以后我会摆脱过往，成熟起来。不过那时，我一味地沉沦，无力自拔。

那仿佛也是 80 年代末 90 年代初那个时代的一种时髦病，一种氛围。一些过于精神的东西压得我喘不过气来，让我无法面对

那几年他的内心也正处在选择当中

和适应现实社会。年轻的我一边陶醉在自己的时髦里，一边又急于让自己以最快、最直接的方式，开始全新的生活。相对于那些拉着自己的小辫儿要上天的人，我正吊住自己的双脚一个劲儿地要落地。

我的倾吐，没有被打断，也没有被责怪。他是何等聪颖的人，自始至终，洞穿一切。倾听，理解，并包容。他的话和表情，很多年的时间里都让我得到鼓励，让我更加地不被约束，让我一边无限自我膨胀着，一边又暗地悄然返归。

很奇怪，不知是我这个学生毕竟还存了些慧根，还是他那后来被许多人惊奇的预感能力在起作用，他对我这个学生一贯的纵容与理解，不仅没有让我一路下滑一跌到底，反倒一直是一种暗中的强有力的鼓励，一直让我自信无比，一直让我感到有能力证明自己，至少是向他证明我真不是个糟糕的、不值一提的学生。

我喜欢说自己从不在乎别人怎样看我，心中自有红太阳，别人说什么我都无所谓。我自己知道我是谁。而事实上，很多自信来自于肯定，来自于你喜欢、在乎的人对你的肯定，完全脱离社会并不可能。在我身边，父母、兄弟、数量少得可怜的朋友、偶尔倒霉地爱上我的男人，他们的言行总是对我充满了肯定，充满了宽容，是我能够灿烂得起来的动力。

我一直非常在乎余秋雨老师对我的肯定，因为他是我尊敬和认同的老师、朋友。另外我不能欺骗自己，也因为他是一位名人。我不明白自己，余秋雨越是有名，暗地里，我对来自于他的肯定就越是在乎越是备受鼓舞，而他又总是那样慷慨和宽厚。这是不是表明我还是有虚荣心的呢？

有时我注意到，他甚至总是那样慷慨和宽厚地对待每一个他身边的朋友，他会认准对方的一个状态，完全从积极的意义上及时地给予赞赏和称颂。不知有多少人从作为老师、作为朋友、作为名人的余秋雨这里，得到过信心与支持。

　　这一点总让我佩服不已。我自己对朋友的肯定或赞赏方式，不过就是有兴趣肯跟他在一起呆着、混着，从来就不懂得、也不善于开口去表达、去给予。就像被周围人夸得合不拢嘴的一位女友说的，我们这都十好几年了，我画的画儿写的诗，从没听你夸过。我说人家都夸你，我干嘛还夸你，你应该感觉得到嘛。

　　我现在也总爱要求喜欢我的人夸我，使劲夸。

　　我这篇东西写得好吗——快夸我。

　　做了一盘菜，好吃吗——快夸我。

　　打扫房间了，多贤惠——快夸我。

　　甚至要求女儿——妈妈漂亮吗，妈妈年轻吗，快夸夸妈妈。

　　我就是喜欢别人夸我。对那些贬我的人，我会想反正我和你也没有关系，你爱贬不贬，你说我是狗屎我也不管。小时候总被教导虚心使人进步骄傲使人落后，听到表扬还假装不太高兴，现在没人管得着了，现在一有人夸就眉开眼笑的，管他真的假的，高兴就好。

　　不知道余老师夸我，是不是也只是为让我高兴。管他呢，反正我从他的夸奖里得到过无比的信心，至少它的结果是令人振奋和愉快的。

　　真希望有一天沉淀下来的自己，也能和余老师一样的平和、

那几年他的内心也正处在选择当中

善意，也会恰到好处地表示自己的欣赏与赞美，让身边的家人、朋友，也从我这里得到信心与动力。

曾经从一位在西方和美国生活过很长一段时间的人那里得知："西方的文化是善于表扬、奖励的文化，是一种善于把感情外现的文化。只要你做出一点成就，你马上会得到社会的认可、鼓励，哪怕你的成绩很小，这种热情的认可足以构成一种良性的刺激，使你保持良好的创造激情，转为一种良性的循环。"

我就喜欢这样的方式。

甚至想对所有的人说，一定要及时地、大力地赞美你欣赏和喜欢的人，你的父母、好友、爱的人，他们从你这里得到的，一定比你想象的多得多。

他对爱情，是积极的悲观主义

临毕业前那天的交谈，我羡慕完体力劳动者，又开始羡慕表演系的学生，我说他们活得那么单纯、简单，总是热情和富有激情的，我想像他们那样，我想一觉醒来自己完全变了个人，我还想谈完一次恋爱马上欢天喜地接着谈下一次，我讨厌自己总是再也爱不起来。我傻乎乎地问他，难道一个人可以每次都真心实意爱一个人？

刚刚才谈过一次倒霉的恋爱的我，像枝残花败柳，低迷消沉，以为自己再也不会去爱什么人了，爱真的给掏空了。

可以的，马小娟。

他说他身边就有这样的人，每次爱上一个女人都认为是最完美的，每次都会全身心地投入。他说起那时他的朋友、电影《小街》的导演杨延晋的几次恋情，讲得非常细，好玩得很。主要是当事人每次都那么全情投入，不厌其烦，不思悔改，更不觉得会有结束的那一天。他把他的朋友描述得既痴情又多变，对每一个都宝贝得不得了，都爱到了家，要命的是又都不能持久。

我心中暗笑，爱情只发生在男女主角心中的，在别人的眼里，那是另一回事。我刚好是杨延晋的老乡，据说我老爸在"文革"还做过他老爸的保皇党，但我爸对杨家的儿子印象却不怎么的。初到上海时，老爸就一本正经地警告我，说上海有一个人叫杨延晋，你不要靠近他，他是个什么什么。哈！

现在听余老师这样愉快和善意地描述他的恋情，完全是另一番风景，就觉得男人也和女人一样，爱得不行时就需要向身边好友倾吐，也需要理解与分享。幸运的是这个杨延晋拉了余秋雨这么个聪颖善意的好友来倾听，他的一次次的恋爱才会按照他本来的样子呈现，才不至于像老家街上传扬的那么吓人。

几年后当我听说，这位当年的杨导又爱上了台湾女作家玄小佛，并且这次还真修成正果，而他们的证婚人，正是男主角最好和最尊重的老友余秋雨，我一下就笑了。从上次余老师对我说到这位老兄的恋情到这次跨海婚姻，其间不知又有几分几合，也不知这次余老师又会如何来描述他朋友的浪漫与多情。

就那样，他给我讲熟悉的朋友、学生们的恋爱故事，没有丝毫的贬毁，无论结局如何，他不舍得否认爱情作为人类情感本身的美好，他热烈地相信每一个现阶段爱情的真诚。

他说，每一个男女都处在自转之中，当一个男人最散发魅力的一面转向了一位女人，而这女人最美好的一面也刚好朝向了这男人，那么爱情就挡也挡不住了。当然，不是每个人都如此幸运，自转的方向和速度，相对于那个有可能出现或已经错过的异性，总要有偏差，所以老有人找不到自己的爱情。遗憾的是，即使相爱之中的男女，也并不停止自转，终有一天，遗憾的那面会转过来的，双方要看到对方的那些方面，爱情并非经久不变。更加遗憾的是，你浑然不觉自己的反面正转向对方，而对方的不知哪一面又成为了别人眼里的光芒，正在那儿魅力四射着。所以有人爱得落寞，不明白爱为何稍纵即逝，不知道对方只不过自转的速度稍快了一点，而自己的那面可能也正转向另一个对方——

爱，已潜伏在某处，只等你转过身去。

我被他如此形象的比喻说得笑起来，高兴起来，我情愿这又是一个鼓励，就像很多年以后我又一次变得独自一人，在深圳街头的电话亭向他告别，他在电话那头一再地叮嘱我，小娟你一定要有男朋友，一定要去爱，好不好。

是啊，一个没有爱的女人，像个什么样子！

那天一定是我说话的状态让他起了疑惑，他突然有些不解，关心地问我到底结婚没有。

我开始装傻。我把自己和别人都弄得莫名其妙。三年里我总是隔不久就从上戏的院子里消失掉，十几二十天才晃荡回来，俨然探亲返校。应该是有个男人或男生什么的才说得通。我还真打了个结婚申请交到系里，但只是扔在那里，再没去管下文。

我那时对爱情、对男女关系悲观绝望得不得了，根本不相信。虽然他的"自转说"多少让我开心了一点，但我仍像枝残花败柳，毫无生气地对他说，也许婚姻并不需要爱情。

他认真起来，坚持说没有爱情的婚姻肯定是不道德的，恩格斯说的这句话永远正确。他说或许人类最终会取消婚姻制度，为保卫真正的爱情。根据"自转原理"，人们不可能永远结了离，离了结，这太麻烦了，那么爱情就是两人在一起的唯一评判，唯一理由了。

他对爱情，是积极的悲观主义

我也再次高兴起来，手舞足蹈，我说我们说的是一回事，你指的是将来，我说的是现实，既然现实里并没有消灭婚姻制度，那么肯定绝大多数人的婚姻是不道德的。

我们一起都笑了起来。我想我们都看到了那个不言而喻的事实。我认为他对爱情，是积极的悲观主义。

我们开始聊另外一些好玩的人和事。

不再上学读书了，真好，可以想聊什么就聊什么，完全不在乎是否浪费时间，是否偏离了主题。他那时还生活在大上海的文化与艺术圈里，还没有真正背离那些笼罩其上的地方氛围，他愉快地絮叨他的一些朋友的趣事，听得出他对他们的友情，他饶有兴趣地谈论发生在他们身上的事情。

他还说起他以往的学生们，他对他们的来处、去向记得清清楚楚，记住的都是他们带给他的愉快。

要离开了，那竟然是我第一次和余老师闲聊天，我放得很松，无话不谈。

我知道，1989 年龙华那天的长谈，带给我们双方更进一步的那种感觉，是离开上戏后维系师生交往的纽带。

上海——深圳——北京，他的三城市

从未像看上海那样，漫不经心和优雅地远看我居住了十几年的北京。

这座城市仿佛一个巨大的漩涡，无数青年自各地而来，然后一转眼，就被吸卷了进去，无声无息，无影无踪。这座巨大的城，还在不断地往外扩张，二环，三环，四环，五环……等到退出城来，早远得再难看清。有一回听说，毛泽东进北平前第一次看北平就在香山上，那里可以看到北京全景。我和别人半玩笑半认真爬去看过，天气不佳，雾尘满天，连颐和园都没怎么看清。

离开上海时余老师问我为什么要去北京呢？我傻乎乎地回答"北京是中国的政治文化中心"。

因为不知道自己究竟要去哪里，要干什么，所以选择北京。在心里，我完全不知道自己为什么要去北京。天性散漫，总是在一个地方呆不长，只觉得北京嘛，位置最高，若再呆不住了，往哪儿去都是往下哧溜，省事。

我们谈起二三十年代的北平，那是他心目中旧时文人学者的家园。很多大学在北京，很多大学者在北京，那时的教授、学者完全不必为生计劳神奔波，大学里的薪水足够买得起一座四合院儿，养活妻儿之外，还能雇一名老妈子，包一辆黄包车。自北大、清华讲完课回家，就在火炉边看书、著书。而首都远在南京，这里的天空相对宁静、高远。

20 世纪 80 年代中晚期的北京，身份还有些模糊，政治味道很浓，观念也相当陈旧，生活条件相对南方，更是艰苦、滞后，大学毕业时我的一些同学视进京择业定居为畏途。

这之前我去广州的广东省艺术研究所找过工作，可能因为我发表过一些文章和小说，更大的可能还是因为我是余秋雨的研究生，广东方面挺当回事地接待了我，所长、副所长还有戏剧、舞蹈、音乐、美术好几个研究室的负责人都聚集到一间屋里，一个个地与我来探讨艺术，仿佛又一次的毕业答辩。

后来他们真的来函欢迎我去工作，我又犹犹豫豫地对余老师说："那儿是做生意的地方啊，我对做生意又没有兴趣。"

余老师认为选择广州可能更好一些，它毕竟是中国经济崛起的前沿地带，是中国目前最有活力和希望的一片区域。

他的话我没有认真听进去，我以为他只是理论上那么认为罢了。

几年后他自己也去了深圳居住。他的话其实并不停留于理论的，那时他已开始采取强有力的行动，来实践他的想法，甚至可以说是预感——有人就称此为"文化预感能力"。

后来上戏的学生当中，无论戏文系、导演系，还是舞美系、表演系，都有一批不错的学生也都去了深圳，或者搞文化，或者经商，都做得有声有色。我知道他们都会以余秋雨的学生、朋友自居，他们常常见面，互通信息，还像在上戏的小院里那样。

离开北京的中国青年艺术剧院去了深圳"锦绣中华"的刘半仙，印象中他总在参与策划大的文化演出，不是把国外的弄到国内来，就是把国内的弄到国外去，我们在北京见面时，他说的那些事情里有两件我印象最深，一是他说到一位他认识的女校友在深圳活得那么死气沉沉，他怎么想办法帮助她她都不开化，完全地自我封闭，滴水不进，难以融入深圳的活力中去。他当时说的时候那么着急，很有些哀其不幸怒其不争的表情，我记得很清楚。还有一件事，他说起一位女演员穿着一套"难看得不可理喻"的裙子参加什么金鸡奖还是百花奖颁奖典礼，他当时的语气和表情是嫌弃中又夹带些气恼甚至羞愤，好像她是他家的什么人，他对她这样在外头丢人现眼是要负责任的。他随即对我说，他就要去做一个纯粹的商人了，要真正地富有起来后，再回过头来搞艺术，搞文化，要让艺术处于一种文化的氛围当中，这样至少让我们看上去会体面一些，不至于和国际脱轨得太远。他的话和行动让我觉得他是那种我没法与其相比的人——有想法，更重要的还有积极的行动。

十几年前，看到女演员穿难看得不可理喻的衣服上台领奖，我可能会在私下里用极鄙夷的口气嘲笑她们，看不起她们。记得有一次在杂志上看到一大帮的女演员里，只有闯荡过好莱坞的陈冲穿着晚礼服出席典礼，结果在一大堆胳膊、大腿捂得严严实实的女人堆里，她反倒显得好像是穿错了衣服一样。后来果然再看到她出席类似场合，着装上就开始往回收，开始向大陆女演员品位那个级别上靠。这也表明中国大陆当时没有、或者说还没有形成电影的文化传统，当然也就没有什么所谓电影的盛典之说了。

那时我看资料，知道像戛纳电影节、奥斯卡颁奖典礼、新片首映之类，所有出席现场的演员，无论男女都得在穿什么的问题上煞费苦心，稍不留神，就要铸成大错，就连一些著名演员也都曾有过因穿衣不当被媒体攻击得几年缓不过劲来的时候，那无疑就像被人当众扒光了衣服一样丢人。相比之下我们的演艺人员的确要潇洒许多，套用王朔的话，"我是流氓（无产者）我怕谁"。后来逐渐中国影视界的人也开始像西方一样办各种形式的 Party，长的短的礼服也纷纷披挂上阵了。

刘半仙的可爱之处在于当时还挺有一种想要建设点什么的责任感与牺牲精神。那时离开北京的文化艺术圈，就是挣脱一种封闭、死旧的文化生态。我还记得刘半仙要去深圳却弄不到边防证跑来问我有没有办法时的情景。

深圳的上戏校友里还有一个女孩丛容，是我毕业前夕在我的剧作指导导师陈加林先生家认识的。之前陈加林也是她的剧作指导老师，她的毕业论文就是创作一个话剧剧本。她总在提出自己的剧作构思，一出关于爱情的戏，根据她对爱的理解与体验。陈先生又总在否定她的构思，当然是根据他的社会生活经验和戏剧创作经验。她总要去他家，他们总要讨论她的作业。她脑子很灵，有一天突然想到，这样的情景本身就是她要创作的戏：爱的一次次被否定，被扼杀，所有的清纯，所有的不合规矩，所有的不切实际，不再发生了。最终，女孩儿的"爱情"生活终于被理顺，终于得到了承认，而其实早已不再是那个最初的"爱"，本真的"爱"。她的剧名就叫《爱的构想》，结构完全是开放式的，在上海人艺剧场演得很好。全校的学生都统一去看了，大家议论说这个戏的编剧是我们上戏出来的，很佩服的样子。她后来分到上海人艺工作。

在陈加林老师家，我们一边喝着红酒一边谈些话题，两个女孩都有些相见恨晚的意思。出了陈老师家，她一定要我去她的人艺宿舍。我们躲在她的小屋里叽叽喳喳聊了一夜，隔壁总有人在敲墙壁抗议，但我们依然不肯停下来，一直在说。都是些女孩们最隐秘的记忆与体验。她的天真和率直，让我一想到这丫头写的话剧曾轰动过上海滩，忍不住就要惊讶几分。

后来这个叫丛容的女孩儿在深圳搞过一部电影，应该说那部电影在国内也小有影响，再后来她成了深圳文化部门的小官员，我从北京这边的报纸上看到对她的一次采访，虽然想象不出她如今身为官员的严肃与成熟，但听到她说，不管搞创作还是做官，她的心态都没有改变，一直都是在从事一项文化事业，在为建设和营造深圳的文化氛围做着事情。我就觉得她可能还是和以前那个与自己一起谈心、一起逛街淘衣服的丛容一样，是可爱和自然的。

那也正是余秋雨一直在倡导的我们应该有的文化生态。他并不喜欢把自己和学生都限定在一种生活模式里，他嘴里和眼里的所谓"事业"总是一个更大的概念，往往是一项工程，这个工程是不断变化和丰富着的。

许多上戏学生在这点上深受他的影响，从思维到行动，都更像是余秋雨的"嫡系"。余秋雨和上戏众多校友加入深圳，在当时为新型的深圳文化增加了不少的分量、色彩和活力。

一个城市，哪怕就是一个社区，文化人士的加入会为这一地区增色许多，无形中它的重量和价值也会提升。一些共同的志向与观念，有时候还会像星星之火一般，不知不觉就燎原成势带动全盘。20 世纪 90 年代中，我认识的两个广播学院的朋友突然就去了香港，后来才知道他们的一个院长去组建凤凰卫视，"一根线上连着一串蚂蚱"，带走了一批广院毕业的学生，这帮人把凤凰卫视经营得有声有色，感觉上既不同于香港的电视文化，更不同于大陆的那些个电视编排。说它打擦边球也好，说它独辟蹊径也好，那都是因为大家有着相同或类似的电视消费理念，才会在那么短的时间里让那只凤凰飞得那么高，让他们的凤凰产业有了那么骄人的成绩。

我知道深圳人曾把"深港接轨"当作深圳与"国际接轨"的第一步，想要形成所谓"内地——深港——国际"这样的开放格局。

而余秋雨，好像一下就站到了深圳这个最有希望成为中国文化桥头堡的阵地跟前。后来也是在深圳，他更加远离了内地的"文人"群体，更多和更加频繁地接触香港、台湾及东南亚地区的文化界，他很快以自身的国学底子与现代理念征服了海外。

在深圳，他不仅走出书斋而且彻底抛弃内地"文人"圈，更独立地迈向现代化、国际化。后来，他还曾就深圳文化发展的前景有过一篇文章，引得人议论纷纷，其中也包括我在北京这边听到的那些中式文人的不满。他提出的"中国文化的桥头堡"、"深圳学派"等概念，被看作是一时性起，是不谨慎。

我自己想，这根本就不是一个等量级别下的对话，其中必有误读或者误听。人们以为的"文化"，和他心目中的"文化"应该不是一件事。

人们大概以为守着几座皇帝老儿家呆过的古城、拥有众多历代官方史料记载，就有了"文化"。

而他喜欢对我说，你一定要强调"人的文化生态"，要强调人对自己生态的自我选择，这才是文化。

他是主动的，一如他一向的风格。而我眼里的另一些莫名傲慢之人，是被动的，将要被淹没的。

听他说话和表述，常有这样的感觉，在别人还停滞于表面，被现实中不断缤纷而落的现象罩牢、糊住时，他的话语总像是对着镜头过来的一只大手，越伸越长，穿过众多屏障，一下就抓住那个实质的核。让你的心、眼跟着也要一亮。

他说经济的发展与流通，将使珠江三角洲地区成为人来人往的流通码头，而现代文化非常关键的就是它的流通。如果没有流通，没有相互沟联的大网络，文化就会处于一种黏滞状态，僵死状态。文化的高深失去现代价值，也就没法焕发出来了。

"只有借助现代流通，文化才会成为现代产品。"他看到这些，并且会积极动作起来，以自身的行动去完成和证实。这令他总是超然于外，总要先行一步，也让他时不时地会引得一些人不满意。

我一直惊讶，他身上那些感性的、天真的气质，让他会有许多与众不同的仿佛突然而至的念头，然后他会把这念头拉入自己的语言构架里头，让它稳稳地落在一个强有力的、厚实的、极具理性的平台上。

我总是惊讶这个过程的转换，突变，它们是怎么样实现的呢？一个人怎么可以从那样的感性、天真好奇，一下子就到达那样的理性、深思熟虑？这应该是他自身最突出的个人魅力，是他总能征服谈话对象、征服读者的力量所在。这让他总是大气和宽广，会让我对他产生盲目的迷信，觉得他会在任何领域任何年代里独辟蹊径，成为强者。

过去做他研究生时，熏染得多，我几乎也快要有点这样的意思了，但后来离开了学术的氛围，完全放弃，就把自己放任为洪水泛滥凡事不过脑子的糊涂女人。

因为胸中有那样超前的想法和认识，余老师对我毕业后选择北京有些不以为然。他说你男朋友不是做生意的嘛，光是做生意，也应该去广州啊。

我自己却是一派懵懂。我总是对周遭大事、形势变化不闻不问，漠然相对，更不要说会有什么理性的见解与预知。对自己的未来哪怕是家居生活，也从来没有计划，一直是放任自流。

本来也是想在南方开始一种更有活力、更加宽泛些的生活的，可是到了广州，在从广东省艺术研究所到借住的老同学家途中，公共汽车上身边拥挤着的男人的长相，突然令我对未来的广东生活心生畏惧。他们长得实在太难看了（请所有广东俊男别太生气），怎么好去亲近。

一个这样直接的理由，让我还没离开广州就起了不去那儿工作的念头。我只有自嘲，称自己好色，怕在广东找不到英俊男人做伴，北京嘛，毕竟"藏龙卧虎"。

对广东和深圳的更进一步感觉，要等到十几年以后的 20 世纪末。因为深圳市委宣传部要与国家文物局合拍一百集的电视片《中国博物馆》，我这个总撰稿之一跑去深圳找余秋雨老师喝酒，在推杯换盏间"偷取"他脑子里的博物馆概念。片子在北京运作，但过关得在深圳官方。片子的进展，让我对开放的深圳现代文化、文化人颇有好感；而北京这里的种种波折，所谓文化积累的无限沉重，与现代文化发展趋向的格格不入，也让我对余秋雨的生存状态有了最直接的体会和感悟。关于要写一本余秋雨的书的念头，也是在那个时候跳出来的——

我让自己别太急，还有的是篇幅慢慢道来。

十几年后，我和余秋雨老师在北京常见面，更多的时候他来去匆匆。

那天我们在方庄喝茶。本来说好我去宾馆找他，他说他要介绍一位女编辑和我认识，因为他曾向她谈起过我，引得那位女编辑起了兴趣，想要看看这位让余先生津津乐道的女弟子究竟何方妖怪。约好大家一起吃中饭，我兴致勃勃刚在余老师下榻的宾馆坐定，女编辑打来电话说她的领导大人也一起来了，正在大厅。我马上起身告辞，对余老师说我不要和陌生人一起吃饭，尤其是当官的。他只是笑，随我便。我们一起进电梯，我跟他说一出电梯我们就假装不认识。在宾馆门口等出租时，眼睁睁看着余老师被一帮人"劫持而去"。

晚上他无意去三里屯喝酒，说去那里的熟人太多了。也许怕再次冷落我？我只好让余老师自己打车来方庄的茶馆喝茶。我们总算又能一对一地聊天了。

我突然说每次见你你都是一个人。在北京，我几次去找你，梅地亚、保利、中旅，你都是独来独往，然后——绝尘而去——对，就是这个词，绝尘而去，仿佛大侠一样——之后报纸上才有新闻报道，说你又在北京干了件什么事，仿佛你正在这件事情当中，但我知道这事已结束，你已经在做另一件事了。

他自己也笑：总是这样，有人就说我永远在人们的射程之外，这有点好玩吧。

我看得出，他对自己的状态满意和自得，这是他理想中的状态。

我有时会主动提起媒体对他的褒贬，他已谈笑风生。既然已成公众人物，只要不是人身攻击恶意栽陷，评说也就任由他人了。他依旧的我行我素，独往独来。

那次见面，他说第二天一大早在现代文学馆还有一场演讲，我问他哪里组织的，都是些什么人去听。他随意地说，谁都可以去听，什么样的人都有。

这就是他的状态，人在江湖，他却有本事不让自己身不由己。无帮无派，却总是搅动一泓漩涡，自己又总在这漩涡之外。

就像北京总是一个平台，他喜欢在这里展示他自己，却从不让自己深陷其中。

一次次地进出北京，让自己的书一本本从北京这里问世，撒向全国。

他的形象一次次出现在中央电视台的屏幕上，让全中国的观众都记住了他。

他的影响和名气太大，许多找他的人却遍寻不着，不知他究竟身居何方。

偶尔也会有电话打到我这里，又有人要找他参加某个活动，我总说我不知道，真不知道余先生他人现在在哪里。我这个铁杆学生，竟然也学会应对这样的事情。

北京是什么？北京是他需要时才出现和存在的一座城市而已。他完全可以选择它的好处，回避它的种种不足。他和马兰把家分别安在几座城市里，从不把自己固定在任何一处。这是他以自身实力最终为自己和家人选择的生活状态。

我眼里的强者就应该是这样的。

他的写作与生活状态，让我羡慕不已，也让我生活其中的北京变得愈加模糊。

20 世纪 80 年代，信中的余秋雨

我这个糊涂学生，在离开上戏到了北京之后，才知道余老师做了上海戏剧学院的院长。

后来他在给我的信里说到过做院长时的一些无奈，有些让我直摇头，替他不值，也有的让我哭笑不得，记得其中一件事还让我大笑不已。

他说他这个院长没奈何还要早起去堵同居的男女学生。我的眼前马上出现他伸开双手，立在上戏那栋我住过三年的学生宿舍门口时的样子。我没法不笑。

那情形一定糟透了，同居的盛况一定让他这个新院长不知拿那些家伙怎么办才好。

上戏俊男美女们荷尔蒙之充沛稠密，相比其艺术才华、表演天赋，一点不靠后。我想象不出，一个那么包容、宽泛的人，如何来履行他院长的这种"职责"。他应该是一个什么样的表情呢？痛心疾首，做紧皱眉头状，还是压低了声音一个劲念叨"同学们，同学们呐"？

反正脸上绝对是不能有笑意的。

我知道上戏那些家伙心里都很服余秋雨，也只有他才管得住。

有一阵那些家伙没规没矩疯了一样穿些恨不能光屁股的衣服，弄得周围的上海邻居很不高兴。艺术家们都得有点个性，可环境是社会的，怎么办？这些人谁也不服，大道理全是狗屁。学院方面再也无计可施，就搬出余秋雨来。

结果他在礼堂磨破嘴皮讲了一上午，根本也没有使用惯常的那些政治思想教育用语，他只是那样不急不忙、声调平缓地说：其实穿什么衣服谁也管不了你，你完全有自由想怎么穿便怎么穿。不过一个人身处这个社会当中，衣服是他的人格化方式之一。在一个人有能力选择自己穿什么样的衣服之后，他穿衣戴帽的取向，就是他人格的外化形式。

从礼堂散会出来大家伙儿便开始面面相觑，上下打量各自的衣着，批评别人的"人格外化"得不怎么样。

那以后好一阵学院的男男女女穿得也都有点人样儿了，不那么邋遢和让外人不好意思了。搞得大家每天见面也都要指着对方互相招呼一声儿："哎小子，你今天人格外化得不错嘛。"

那时上戏的学生都个性足足牛气轰轰，他却总是有他自己的方式去赢得他们征服他们。除去学术上的成就与威望，我看光是这一点，他也最适合当院长。

一下又想起上戏好多的事情，那些曾经擦肩而过的校友们，有些只是牛气轰轰，也有些真是才华横溢的——可惜现在也只有表演系那些家伙的名字，还偶尔或经常被更多的人提到和听到，像高曙光、尤勇、郭东临什么的，女孩里有盖丽丽、陈红、马晓晴、金梦什么的，还有前不久刚刚不幸病故的李媛媛，那时她还是上戏刚刚留校的青年教师，那么年轻青春，走在校园里也是一双拖鞋晃晃荡荡的主，一上了舞台便又像换了个人。那时她与上海人艺资深演员焦晃一起演出莎士比亚的《安东尼和克莉奥佩特拉》，那不仅对他们俩是一次终生难忘的经历，搞得我这个曾被他们才华横溢的演出打动过的观众，至今也印象不灭。

那时满院儿的人，男的言必称达斯汀·霍夫曼，女的开口也必是梅丽尔·斯特里普，男男女女加在一起说得最多的就是"我们会出来的，我们班都会出来的"，意思是大家将来都会出名成角儿的。现在看，有些人真的出来了，而另一些我认为在舞台上让我着迷的男男女女，至今仍默默无闻着。

事实上彼此真正的交流并不多，表演系在学院是"主流"、角儿，其余人等都是"弱势群体"，是龙套，做陪衬的。

有次在北京和上戏表演系的校友吃饭，我说你们在学校搞得人人都是名人似的，也难怪，你们老在校园里转悠。他们马上反唇相讥，说我们成天没事儿就在校园里走来走去？到底是戏文系的，骂人还这么含蓄。

上戏的校友，为我三年的研究生生活提供了一片极为赏心悦目的环境和背景，也养成我喜欢看漂亮男人的恶习。

不知有没有校友想到过描述自己的上戏时代，我知道自己这本书里会少不了上戏那些同届或错届的校友的影子。

那时我已身在北京，走出"书斋"，自愿成为一名来回坐四个多小时班车的上班一族，机械加麻木地工作着。这正是我要的"体力劳动"。

没想到的是自己的适应能力如此之差，每天天黑回到窝里要大哭一小时，例行仪式一般。发泄完毕，擦把脸，马上嘻嘻哈哈，与某人勾肩搭背拎了饭盆去隔壁的北大食堂吃饭，然后在校园里闲逛至天黑。

迷茫与郁闷，并不因"走上社会开始工作"而结束。

我就是这样开始写信骚扰余老师的，每次一写就是十几页纸，理直气壮对自己的现状不满和调侃着，一点不知为当初的选择不好意思或有任何的反省。

游荡的生活，从上海挪到了北京，我依然不可救药地悬在半空当中。

我在给余老师的信里津津有味地描述自己的无主题生存状态。我说我租住在老北京的四合院里，边上就是北大，房东家有只猫，院里有棵大槐树，我不做饭经常吃方便面喝易拉罐，我把方便面袋子花花绿绿钉满了四壁，易拉罐瓶子高高低低挂了一屋顶，自以为挺有点儿现代感的，没想到却惹得前来关心我的女同事泪水婆娑，回到单位四处可怜我：好端端一个女研究生，过得这么惨，自己天天吃方便面！

我说我也开始养猫了，没有给她做节育手术，她自由恋爱的结果是一年里给我生了十七只小猫。因为小猫们的爸爸的尊容，它们长得也就是一般的猫样，灰不灰白不白的，没有人愿意领养它们，结果它们每天的伙食和洗澡事宜把我折腾得团团乱转。朋友都说我活该，当外婆"管教不严"，有人还污蔑我"上梁不正下梁歪"。

我在信里把做电脑生意的男朋友称作狗哥们儿，完全搞不懂他的生意做得怎么样，赚没赚到钱，反正只要他能带我下馆子就好。我周末总去北大看电影，故事里的男人一说"我爱你"，我们就在底下大喊"骗子！"

我说我总在逃班，懵懵懂懂工作，单位的领导和同事都当我这个研究生"狗屁"。

我说我在北京城里四处闲逛，我知道哪里有藤编家具，哪里买得到纯棉衣服，哪里又有书店没有的好书。

那时的三联书店又小又破，马路对过的那溜儿书摊才是我的"点"。那儿的书贩子眼光都不差，北京城里真正的读书人都在那儿淘书。

即便是现在，我每次从三联书店出来经过，都要禁不住发些"老"北京的感慨，指着那一片空空的台地告诉后来者，当年啊，我就是在这儿买书看，这两边都是书摊，一家挨着一家，自成一条小窄街。想看，书店却没有卖的，这儿一般都能买到。外边儿是乱哄哄的大马路，里面却是自成一体的买书看书的小天地。也不知当年那些练摊儿的都上哪儿去了。翻书翻累了，接着往前走，紧挨着就是服装摊儿，纯棉居多，样子都很独特，我在这儿买过不少小衣服。

再往南去，高高的台阶上，有一长排的美术绘画用品店。我不会画画，但经常陪画画的朋友去买颜料、画框什么的。每一个小店里都堆满了那些东西，石膏啊，画架啊，绑着布的油画框啊，感觉就是一个个绘画小车间，各种原材料该有的都有了。我会特别有耐心陪朋友在里面一个一个地转，很舒服。

还有美术馆，动不动就排长队买票看画，队伍里夹着不少背着画夹子的美院学生，他们的装束甚至长相，有点像上戏舞美系的学生。

这里还有一家小饭馆悦宾，是北京最早的个体户，那时因为作家协会、作家出版社在沙滩，不管是作家请编辑还是编辑请作

家，都爱上悦宾。有人把悦宾戏称为作家的摇篮。我认识的许多
文学女青年在悦宾吃过饭，后来都登堂入室成为"作协"会员。
我从刘大妈当掌柜一直吃到刘大妈的儿子当掌柜，虽然一直都没
有起心要投靠作家的官方组织，但还是喜欢带人来悦宾吃饭，找
点早些年在这一带的感觉。

有一次我在书摊上买到一本刚刚才出现的《文化苦旅》，当时
书店都还没有卖的，到处向人推荐。单位有谈起过这本书的人，
我才给个脸儿多跟人说上两句话。还有人不知在哪儿可以买到它
的，我都要耐心指点前往美术馆东街的路线，有时干脆自己就跑
去替人买来，乐此不疲。

我还开始一本一本往家里搬那些离开上海时被我当破烂卖掉
的书，它们都已经印到二版三版四版了，我一边咬牙切齿往外掏
钱一边对女友说："这本书的价钱比我卖掉它时翻了两三倍，我这
不是有毛病嘛。"女友表示同意我对自己的诊断。然后我们抱着自
己淘到的书，跳上公共汽车各自回自己的单位，坚持熬到下班。

现在的美术馆周边地区，整治得当然很干净，很整齐。偶尔
会想，当时要是能把那些书摊、服装摊、看画儿的人群拍下来，
做个纪念就好了。看到那些照片，就会忆起那些氛围，还有那些
东游西荡的时光，包括一些早已流失掉的玩友。

有人把 80 年代称作抒情的年代，就是那个意思。那时好像整
日在街上乱转，北京城里的外贸店都逛遍了，净买些单位同事善
意取笑的小衣服、小玩意儿，还有就是在小饭馆里乱吃饭。有挥
霍不完的时间来浪费。

包括写信。那时特喜欢给家长、朋友写信，写得自己高兴别

人读得也高兴。相互间许多的情感认同与精神交流，都靠一封封雪花一样乱飞的信件来完成。感觉和现在的电子邮件很不一样的，面对一叠信纸，和面对一台电脑，好像出来的行文风格都不太一样。电脑里出来的文字洒脱、超然，跳得出来，大家都像在玩文字游戏，机趣，好玩。信纸让人更投入、贴近、真实些，更像在抒情感怀。

直到现在我也还在用书信的方式给余秋雨写信，每次都要在信的结尾处检讨一下字写得越来越难看了。

印象中 80 年代大家都在拼命地写信。我也是。我在给余秋雨的信里更是越写越起劲，眉飞色舞，仅有的一点写作才华也只在这时才发出点光彩。

每次的回信，他都透着招架不住的嗔笑，还有欢喜和理解，就像一位拿淘气顽蛮的学童没了办法的先生，最终放弃了规范，只好由她去了。他说他喜欢读我的信，字里行间透出的灵气和性情，让他也跟着兴奋，真高兴能经常读到这样的信。

每次信的尾处，他总忘不了一句"问你的狗哥们儿好"。

有一回好一阵子才收到他的回信，竟然是从新加坡发来的。他说他正在新加坡讲学，国内出去的人替他捎去一大堆给他的信件，其中包括黄佐临先生和马小娟的。

我想他肯定要给黄佐临先生回信，但同时他也给我回了信，足以证明我们师徒关系之铁。免不了感动，还有些小小的得意，为自己得到这样一份同龄人之外的认可与重视。

我的每封信都巨长而任性，不上十页住不了手。反正上班也没什么事情好做，我有的是时间趴在办公室的桌上胡言乱语。

有次还在飞机上给他写信，字越写越草，到最后已经是真正的"天书"了。

他的回信都不长，三两页，字总是那样干净、漂亮，搞得我每次都要在心里发誓，下回的信，字一定要认真、工整。他笑我那个"我"字写得最有性格，最好玩，像"我"又不像"我"，看半天才认得出来，正好就是马小娟了。

有次在电话里，他兴致勃勃地告诉我，他在练毛笔字。这更让我惭愧，因为这时的我离开电脑键盘已经差不多不会写字了。总是这样，字越写不好，越不爱写，越不写，就越写不好了。

在学校上课时他很少板书，我对他写的字没有太深印象，只是毕业后通信才注意到他的一手字，铺排在白纸上，漂亮、整齐得那么从一而终。若不是太信赖和需要他的倾听，我会根本没有勇气再和搞他书面交流：光是这一手字，这就已经是一次不平等的对话了。

好在他总是能够包容和理解的。他依然有来有往地给我回信。

多年以后我请他为我和朋友合作的一本书做主编，他不仅高兴地答应下来，还主动提出要给书名题字。这时，他的题字已经像书法家的作品一样珍贵和难得了。他的助手金克林很快把他的手迹特快专递过来，他在信里得意地问我，"怎么样，我的毛笔字写得还不错吧？"

那是我第一次见到他的毛笔字，不久后又在《艺术人生》访谈里看他小时候留在老家门板上的毛笔字，想起他说过四五岁时就开始练毛笔字，经常弄得满脸满手的墨迹，禁不住就笑起来。

后来在信里他说自己终于不再当院长了，卸掉了许多繁杂的事务，可以一心一意做自己想做的事情。

他那个时候留给我身体不太好的印象，琐碎的日常事务和身陷其中的人事关系，令他身心都不是很愉快。这种状态，和未来行走在南亚和欧洲大陆的"铁汉子"余秋雨，完全像是两个人。我记得自己写得最拘束的一封信就是议论他身体的那些话。我不太会说关心人的话，尤其对一位我眼中的强者。那些世俗的客套话都没学会，自己惯常的句子又显得太没心没肺，我的笔一下就变得傻头傻脑起来。

他说他去了贵池看傩戏，山里人举着火把，他一个人走在山路上。于是我印象中那时的他就是一个独自走在路上的人，身体不是很好，人也有些疑疑惑惑的样子。现在我知道了，那段日子对他是一个转换点，自行结束了一种社会身份和角色，他肯定把自己的现状和出路想了一遍又一遍。我相信，对于那些勇于和善于把握自己命运的强者，身心的困顿，只是暂时的蛰伏，随之而来的，将是一次全新的出击。

以后他开始用自己的专用信笺写信，上面有烫金的"余秋雨信笺"，还有制作这信笺的公司。当时只会想，哦，余老师还是蛮讲究的。现在才明白，那是"余秋雨"品牌的开始。好些年以后我自己也嚷嚷着要搞工作室，半开玩笑半认真地刻"萝卜章"的时候，突然就想到了余老师的信笺。他总是超前，总是明白自己在干什么，要达到什么。

有次我自作聪明问他是不是 A 型血，他说是。我就知道，他有 A 型血人的那种认真、周到和执着，总能坚持做完自己认准的事情。可他对事物又总是宽宏与通融，包括他从没有排斥过我这

个学生的散漫、荒芜，有时的任性和无礼，我就觉得是他人品和
自我修养的境界。

搬出在龙华的上戏教师宿舍后，余老师要我把信寄到康平路，
说有两名助手会帮他整理信件，每天的信有好多好多，一定要在
信封上写上马小娟的名字。再后来余老师说，找不到他就找金克
林好了。马兰称金克林为"余老师的助手"。金克林总是把余老师
的事情办得妥妥帖帖。

这时的余秋雨，已经不是一个要靠写文章来扬名的"手工作
坊"劳动者了，他正在有计划地经营自己的文化品牌。这是他的
智慧和魄力所在。

差不多整个的 80 年代末与 90 年代早、中期，我都把他当做
一名最了解自己的朋友，在长长的信里描写自己的散漫生存状态，
有时还随信寄去自己那些厚厚的发不出去的小说，不管对方是否
消受得了。他的回信不需太长，有时会有那么一两句点拨——也
只需要那么一两句，我的感觉会突然而至，思路一下打开。

一段太幸运的书信往来，是我青年时代最重要的一段交往。
许多自信从余老师那里获得。他教我不要在乎别人的评判，不要
在意别人把我当狗屁，关键是要干自己真正喜欢干的事情，这是
最重要的。他的话，帮我最终确立了自己在社会和人群当中的状
态，也令我有足够的自信让别人以为我狗屁。

他喜欢在信里说自己羡慕中国现在的年轻人，因为年轻人有
希望。

我读他的信激动兴奋，却不确切明白他说的年轻人的希望是

什么。我知道那肯定不是晚出生十几年二十几年就拥有的希望，但是什么，我那时从未认真想过。

现在我明白他说的希望了。我自己当年并没有把握他从我们身上看到的那种希望，而他，敏锐地注视到了同时也属于他自己的希望，并且很快用自己强有力的行为方式，实践并实现了自己的希望。到今天，我反倒是从他的文化生存状态，看到自己的希望：在 21 世纪里，我也要拥有一个属于自己的文化生存状态，成为一个自信、愉快和富足的人。

不太知道别人崇拜或者关注余秋雨的是什么。暗中，余秋雨今天的生存方式与状态，越来越成为我这个学生模仿和追求的目标。我想让自己成为他那样的人，像他那样写作、生活，独来独往，身后却有无数的拥趸。

现在是 2003 年年初，还有时间，我愿意努力。

第一次见面，他穿着条牛仔裤

想好了是要按时间顺序慢慢道来，可感觉总是不听话，纷纷涌来，还有记忆。它们像长跑道上的运动员，争着往一条道上挤，让我如此着急，总定不下顺序。

那次我怎么说来着？

我说现代作品应该同时描述一切，表达全部，我说我现在不喜欢文字表达了，它们总要一个字接一个字地铺摆开来，思想和情绪是单向流过来的，对于运载一次饱含生命原动力的最真实与最真诚的表述，它们太慢太朝着一个方向了。一段文字记录下来，过程中已遗漏掉那些跑得最快最迅猛的。堵截到的，只是来得及捕捉住的。

我说我现在喜欢戏剧的表达，现代戏剧可以用整座舞台、整个剧场来表现，语言、肢体、灯光、音响，甚至多时空，所有手段可以同时表现情绪和感觉，最大程度立体化和多向性。我说我可以把我所有的表述指向，在同一个瞬间里泼洒出去，传递出去，我可以一下子裹挟住观众，击中观众。这个过程一定既痛快有力，又美妙通畅。而文字相对戏剧，简直就是力不从心，强拉硬拽——

那是在研究生面试时，第一次见到余秋雨我说的话。

所以记得这么清楚，因为相对于后来自己对戏剧的放弃与撒手，这些大话更像一次骗子行骗时的天花乱坠。而余老师，因为最能感知这些话语，成为被骗最深的——

不要着急，慢慢来。这是一只键盘，这是一个一个的字的排列。没有舞台了。让自己一个字一个字敲过来，不要性急。

有人说你是余秋雨的学生，你每次见他都应该带上笔，最好带个小小的录音机，把他的话全录下来，整理出来就是一本书。

我哈哈笑，饶了我吧，那我们还说不说人话。

真的，那样的事我不需要做，我只需去感觉。所有的话语只要我感觉到了的，即使不原话照录，它的本质也会深植在我脑中，好像是我自己的了。

人们爱说些"好记性不如烂笔头"的话，我却总是不爱记东西。只喜欢那些感觉到了的。喜欢把书本上有感觉的东西变通为自己的，也喜欢把余老师的话变通为自己的。

听说我要写关于他的书，即使是余秋雨，也开始担心我对资料的占有。他不喜欢我用媒体上的那些东西。他说你不要急，我们还有好多事要做，我怕你写不长。

我说我才不搞那些理性的把你作品分析来分析去的东西，我只写我感觉到的，我看到的。

毕业离开上戏后，我们一直在通信、打电话，再一次的见面要等到深圳。

　　那次在深圳喝酒，他突然觉得好笑，说第一次听到马小娟的名字，竟然是在上戏的澡堂里。

　　我们于是都想起上戏的澡堂。那年头，男的女的，老的少的，大家都端着个脸盆，里面净是些檀香皂、蜂花洗头水什么的，手里还拎着装换洗衣服的塑料袋，一路喊着"打油（洗浴）了打油（洗浴）了"，一路在澡堂看门人严厉的目光注视中分头进入男女浴室。洗完澡回来的路上，会有男生故意问女生："澡堂里人多吗？不多？不多那我也去。"

　　余老师说起他写过一篇文章，专门写澡堂的。他说多数小男孩的成熟可能就在进入澡堂的一刹那，满目都是赤条条的男人，一定会被吓坏，也一定一下就明白了什么是男人。他还说起好多年前上戏的老教授在澡堂被工宣队罚站，光着身低着头一站就是几小时，而平日的学生们就在眼皮下来来往往。那样的情形那样的方式，真是太有戏剧性太有舞台感。

　　他的回忆让我想起大学一年级时在南大女澡堂洗澡，看到我们的哲学老师（我们管她叫马列主义老太太，她总爱说"前途是光明的道路是曲折的事物是螺旋式发展的"）的裸体，几个女生回到宿舍就笑翻了天，总没法把一个赤裸裸的身体与一堂严肃的死板板的课联系起来。以后上哲学课，上头一本正经刚开讲，底下就笑趴在桌上一大片。现在的大学生恐怕都没有我们那样的幸运和愉快，可以看得到老师们的裸体。

　　沪宁一带的男澡堂我一直没有机会进去参观过，据说是所有人泡在一个大池子里，各搓各的泥，搓得满池汤色，搓完后起来舀一瓢冷水，淋一下就算完事——听着有点吓人。我认识的一个北方男生抗拒了四年，结果就是躲在宿舍楼里洗了四个冬天的冷水浴。上海有一家澡堂，门口赫然写着"大观园浴池"，每次路过看见那几个字，想到男澡堂里那吓人的情形，都要笑。

共同的回忆一下把我们带回到上戏时代。

在热气蒸腾、人影绰绰的澡堂里，戏曲研究生司群华追着余秋雨，要说说他的一位大学女同学。余老师说那是他第一次听到马小娟的名字，在男澡堂里。

我笑起来，想起那年自己写信到处找导师的事情，我那时也算是"身心困顿"期，写给司群华的信洋洋洒洒几大页，许多的思考、想法，还有情绪，都在纸上，他说害得他上课、看书时满脑子里都是马小娟信上的那些话在嗡嗡乱飞，莫名兴奋。他一定也带着那样的情绪向余老师推荐我，所以才让余老师有那么深的第一次印象。

很久以后在上海的一次大型活动中，司群华看见嘉宾余秋雨，有点不太敢上前去握手，他怕余秋雨"贵人多健忘"，不认得他这个十几年前的上戏学生了。可是余老师握着他的手，开心地说我怎么会不记得司群华，是司群华第一次对我提到马小娟的。

真该隆重地感谢司群华一下。

第一次见余秋雨的面，在 1986 年春天，从南京到上海参加研究生面试。

之前的笔试在头一年冬季完成，那些试题涉猎东方、西方艺术史上的所有领域与方面，还有中外文学生活的各个层面。并不生僻，却又让我感到不同一般。我知道这样的考试，不是任何我的大学同班同学可以招架得住的，也不是任何单一艺术院校的学生能够对付得了的。那些问答题，让我笔底的文字滔滔不绝铺天盖地。问题果然来得和他的学术方式一样，铺开着一条宽敞的大道，让我可以在上面伸展双臂奔跑、欢跳。那是一年的跟跑之后，第一次在书面上向他做出回应，我几次向考场老师要求加纸。笔完全停不住。

后来知道，这次研究生考试的范围与方式，对上海戏剧学院的应届考生也是一个不小的打击，所有优秀的应届考生，都在竞争中被淘汰掉。最终接到通知前来面试的考生，大多是接受过中国一流的综合性大学教育的考生，他们不仅具备很强的文艺理论素质，同时又都是大学各类艺术活动与实践中的中坚力量。我还听说，一位满腹经纶却没有接到面试通知的书呆（袋）子考生愤愤不平，把余秋雨的招生取向大大抨击了一番。我在心里说，倒霉的家伙，你连自己要报考的教授的学术立场都没摸着，还考什么考。

那是在江南的雨季里，司群华介绍我住在导演系一个南京女孩儿的床铺上。那个小女孩热情漂亮，落落大方，把我关照得很好，我倒像个小妹了。我完全蜷缩在自己的内心里，木木地任由别人来安排、照应。陌生的环境，没能从恋爱的失败中缓过来的情绪，加上一会儿一飘的雨丝，这些都让我心神不定，恍恍惚惚，大多时间忘了围墙外边就是热闹的大上海。

我糊里糊涂地跟在司群华后头去上戏食堂吃饭，路上遇见未来的师妹们，她们早和在上戏读书的老乡嘻嘻哈哈打成一团。司群华告诉我她们也是来面试的，她们平时就常来上戏玩、看戏，和学院的老师学生已经很熟了，应该是上戏的准研究生了。我的心境更加一落千丈，倒不是非要考上个研究生，而是不想再回南京，不想再回南大。因为坚持要报考研究生，做事又总不留后路，系里、教研室里的关系都被我给搞僵了。南京成了我的伤心之地，失了爱，又失了长辈一样"管教"我的中文系的"同事"们的关心，好似一条丧家之犬，整个人是浑浑噩噩的。

上海的雨雾，失了浪漫与迷离，全是看不见的秤砣，拉着我往下沉。

上戏陌生的小院儿，说不上喜欢，也说不上讨厌，却是我唯一的选择，避难所。我没地方可去了。

现在看那时的自己，像在看别人。二十二岁，一个形单影只、消沉恍惚的小女人，被深深地陷在里头，不知道自己正处在每一个成熟女人都得经历的过程中。

我就那么等在红楼那间教室的外面。被叫到名字的考生进去了，等他出来，我们马上围上去，拉住他问："怎么样，怎么样?"大家都很紧张。出来的人里，有的说"没事儿，挺好的"，有的说"你要当心，他们问的问题很不好回答"，也还有的出来时还是一副懵懂样儿。

我走了进去，先吓了一跳，没想到里面有那么些教授先生，坐了一堆。正前方独独放把椅子，给我的。简直就是末日审判。我往那儿一坐，完全不知道谁是谁，不知道哪位是神交已久的余秋雨教授。

现在想我那个时候的样子一定够傻的，我从素有"大萝卜"之称的南京来，又土又木，灰头土脸；又刚刚失恋，还没有新的男朋友，意志消沉，毫无光彩。完全像只南京人嘴里的"呆头鹅"。我傻愣愣地坐在那儿，手脚僵硬，当初面对试题时的那股飞扬、彰显劲儿，消失殆尽。我看着自己的希望正在溜走。

　　直到一个声音响起，我意识到这竟是一个对自己很熟悉的人。

　　我记得他问我还会不会接着写小说，小说和戏剧有什么不同吗，又问我以后想不想试着写戏。他还问我对"黑色幽默"怎么看——前一天来参加面试的考生刚看过那出著名的话剧《屠夫》，我在当场完成的观后记里大谈"黑色幽默"——这样的问话，我的那根喜欢思辨和横向比较的神经，一下就被激活过来。我暂时忘了自己的傻样儿和处境，朝另一条路奔去。我奇怪自己紧张到极点时会突然思路流畅，仿佛拥堵的洪水终于冲挤出了一道决口，奔腾而下。我脑子里亮堂开来，一下又找回了冬天考场上的感觉。

　　同时我也知道，就是他了，这就是余秋雨了。

　　他比我想象的要稍稍年轻些，文气些。戴副眼镜，说话声调平缓，不急不慢的。这种平静和缓，与他文章里的气势、走向，不太一样。好比我，随着思维的向前进，声音总会越来越尖，速度会越来越快（用余老师的话是小娟的音频很高），不太控制得住。而他却始终是从容的，镇定的。他的话天生就只让别人激动，自己却不动声色。

　　最让我觉得亲切的，竟然是因为他当时穿着条牛仔裤，这至少在当时的南大是不可思议的——我的一位同窗就曾发誓，他找女朋友决不要穿牛仔裤的——所以我立刻觉得余秋雨这个人一定是非常随意和好相处的。

　　整个的面试过程中，好像只有他在不断地向我提问题。

　　司群华告诉过我，他会喜欢我这样对戏剧、美术、音乐各艺术门类都感兴趣和有所涉猎的学生。他果真问我平时爱不爱听音乐，听什么样的音乐。我老老实实回答说，上学时最爱听罗大佑他们的校园歌曲，现在工作了，开始迷上交响乐，最爱听贝多芬的第三和第五，每天都要听。

这是真的，倒霉的我一边要准备考试，一边要和内心的软弱与犹豫作斗争，那种年龄总以为自己遇到了一辈子都不会再有的痛苦，这时只有贝多芬的《英雄》和《命运》里那些雄浑浩大的旋律与气势，才能把我从水底打捞上来，拎将起来。难过得不行的时候，我会把那台双卡录音机放到最大音量，然后蜷缩在宿舍的一角，闭上眼睛，把自己扔进聋子贝多芬的波澜壮阔中。聋子的喃喃自语，是咆哮。我就跟着在他旋律的浪尖上漂流，翻卷，跟着他向上冲，向上冲，无限地扩张膨胀，直到全身心注满动力与力量，以为无所不能，心志再不被困扰。

完全是灵光闪现，我跟第一次见面的余秋雨大谈《英雄》和《命运》带给自己心灵的洗涤，我说每次听过贝多芬之后，全身心都像是历经一场大雨的冲荡，所有的软弱、消沉洗劫一空，这时会神志清宁，心绪通畅。他果真听得高兴，完全不知面前坐着的"小骗子"哪里有多高的音乐鉴赏力，不过是把贝多芬当作了郁闷时的救命稻草，一味挣脱痛苦必须依赖的毒品。

他的身体略略前倾，眼镜片儿在光线里停留着，很认真地听我表述。我接受到他的友好、亲切与鼓励。当我谈到自己对文化与艺术的某种感觉时，他会诚恳地问我："为什么现在会有这样的感觉呢？"他不像是在考问我，更像是在与我交谈。我渐渐开始活跃开来。

我真把他当久违的交流对象，对他说流行音乐带来的愉悦是表面的，已经没法进入到自己的内心了，现在精神上更能与古典音乐相通和共鸣，听起来也再不像音乐鉴赏课上老师引导的那样，这段是快乐的，这段是忧郁的，这段又开始紧张了，而是一种情绪的自然带入，慢慢地就化入进去，融为一体。而事实上，我那时脆弱得听不得流行歌曲里的词儿，一听就伤感，就想要往下沉。贝多芬也好，古典音乐也好，都是我的强心针或者迷幻剂。坐在那些教授们面前，与其说在谈自己对音乐对艺术的感受，不如说是在变相排遣当时的郁闷、不顺。但因为是发自内心最真切的感受，又一直处在一种被鼓励的气氛里，临时一发挥自我感觉还挺好的。

总之恋爱的失败，以及和大学时的老师后来又都成为同事的人们之间同样失败的人际关系，这些挫败感，可能让我显得沉静、成熟，看上去更像个有点思想的人。而余先生友好、对路子的提问，让我的身心放得很开，思路和语言的表达也越来越松弛。虽然做了一年的大学教师，但因为是留校，一直都没能摆脱做学生的感觉，那时关于我所谓事业的未来，甚至恋爱、每天该干什么、看什么样的书，哪个关心我的同事都可以教导我几句，我又不会装假，最后弄得大家都对我很失望。我相信谁都有过走投无路的时刻，有时候，哪怕是一个再任性、再自以为是的人，在处处困顿、受挫的情况下，能得到别人的一点点支持和鼓励，都会觉得温暖、感动得不行。复试中的交谈，余秋雨和上戏教授们的亲切、随意，让我的情感一下就投靠向他们，走出红楼的时候，连周围的陌生感都消减了不少。这样的交流，余秋雨他们似乎并不在考核我有多广泛的知识面，而更像是在试探我的感性与直觉。

我的感性与直觉，已经有一年多时间被压制得不能动弹，应该说是上戏的氛围唤醒了它们，那是一种群体性的弥漫在整个上戏天空中的气息，学生们感知的毛孔与触觉张开着，年轻的生命在自然和自由中开放。所有老师的手里都像握着根无形的鞭子，不是把学生往圈里赶，而是一个劲地朝外面轰：去！去！去脱掉你的拘谨与胆怯，去张开你全部的感觉，到艺术的殿堂里去呼吸，去飞舞！那是我这个一直处于严正肃穆的大学教育中的人一下就能接受到的不一样，带给我一阵阵的惊喜。即使不被录取，我已从余先生他们友好欣赏的目光里获得了足够的自信。

　　无论如何那都是一次转机。

　　后来我从消息灵通的师妹那里听说我的面试分还蛮高的，但是仍有笔试分比我高的考生没有被录取。她们说完全是余秋雨坚持要录取我的。在她们眼里，我完全就是余秋雨的"嫡系"了。

　　我一直都没有想过要搞清楚这件事，尤其是问问余老师是不是真有这么回事。在我这里，分数本来就不是最重要的，并且分数还偏偏一直是我的一个"死穴"——上南京大学时我的总分就比不过班里其他同学，以后我也就干脆厚着脸皮对别人说，我混进了大学，又混上了研究生。

　　但是因为心里有那么一个"结"的客观存在，依了我的个性，竟然又对别的导师横生出几分疏远与陌生，总觉得在他们面前有些气短。而对余秋雨，除了觉得大家对路子，还平添了所谓"知遇之恩"。

　　真正到了上海进了上戏，懵懂的我才知道，余秋雨在上海的学术界、文化界早已是一个响当当的名字。

　　一位比我年长十几岁的大姐，也是我的一位好朋友，曾在南京大学外语系进修，待我考入上戏，她又刚好在上海师大中文系进修。她的进修班同学年纪都与她相仿，他们是大学里教外国文学的老师，他们都读过余秋雨的文章，听过余秋雨的讲学。他使他们自觉地把自己放得低低的，对他的学术成就充满敬畏，对他活跃开阔的思维满怀钦佩。同为教师，他们对他讲台上的风度更是念念不忘。他们的集体表情，让我对那个时代最常用的"精英"一词，有了最直接的认知。而我这个余秋雨的学生，一进入他们的圈子，就沾光添彩，大受欢迎，成为他们当中的宠儿。他们喜欢唱前苏联歌曲，他们喜欢带我玩，他们喜欢和我讨论外国文学话题。我还那样，总不爱用教材上的那些语言，我用自己的话表述对西方文学的热情和理解。他们都比我大十几岁、二十几岁，但他们喜欢我的话，他们看重我的思考。

我想这多半都因为我是余秋雨的学生。

被称作"秋雨兄"的导师

上戏的学习和生活改变我许多。

一开始我们都被要求"打开",导师们爱取笑我们这些来自正统大学的弟子们的内向、羞涩。就像现在电视里的现场"秀",我们被要求大声作自我介绍,不要常规的简历背诵,要搞点个人魅力展示什么的,害得我们每一个都涨红了脸。

我还记得一位妈妈级的学友最勇敢,站起来就表决心,要如何珍惜这三年的学习时间,又说要像海绵一样吸收知识。当时的系主任陈多先生听得哈哈大笑,说你千万不要当海绵,光把知识都吸进去了不往外吐有什么用,不怕把你自己的肚子胀爆了。别的导师们也都跟着发出会心和善意的笑声。原来他们全都受不了我们的假模假式。第一次师徒见面,导师们就显示出一种集体性的不循常规的状态,吓得我们再不敢老生常谈,却又一时找不到更好的表现自我的方式。这情景反倒比考试还难了。

类似的情景在表演系学生那里,完全就是小菜一碟,张嘴就来。那时凡是来上戏找我的同学或朋友,事后总要念叨一下他们所受到的"惊吓"与"摧残":有时刚进了校门,身后就传来一声亲热甜腻的问话:"你来了?"这边还懵懂中犹豫着如何回答才好,

另一个方向却又惊现一声断喝："滚！给我滚出去！"吓得魂飞魄
散之际，却发现人家这些出声儿的人压根就没拿正眼看你，人家
扬着脖子从你身边擦肩而过，嘴里还在那"你来了"、"滚出去"。
原来这一切根本与你无关，人家正背自己的台词。有人说我，
"你这儿差不多就是疯人院啊！"我说我喜欢他们这样，在南大压
抑惯了，这样挺好。

那时全学院只有一个传呼电话，看门的师傅是苏北人，谁有
电话，他就在楼下大叫谁的名字。比如他喊"萨日娜"，舌头转不
过来，就成了"杀人啦"，他一喊，楼上楼下的学生就都跟着喊
"杀人啦"。杀声一片。弄得周围居民跟着乱紧张。

虽然我们还没有表演系那样的勇气，可以在上戏的院子里一
边走道，一边旁若无人无比投入地念台词什么的，但在宿舍里，
我们早疯成一团。

我们开始躲在宿舍提前"瓜分和分配"每一位导师，还给他
们每一位起外号。个子小小的可爱的陈多老师，我们背地里叫他
多多。研究中国早期戏剧家熊佛西卓有成效的丁罗男老师，我干
脆给他取名熊老师——有一回夏岚冲进宿舍把我按在床上就开打，
原来她迎面碰上这位丁老师，时空没能及时切换过来，一声毕恭
毕敬的"熊老师"，把丁罗男喊得一头雾水。至于余秋雨老师，我
们亲热地唤他"秋雨兄"。又因为我和余老师最对路，他有时还被
称作"你的秋雨兄"。

这样的事在上戏的男、女生宿舍里大概上演过一轮又一轮，
半真半假的，多少也能反映点学生对教师们的亲疏与取舍。有一
回一个进修班的老女人老男人们因"分赃不均"，还为这样的事吵

将起来，结果闹得"闺房密语"、"寝室卧谈"统统都给抖搂了出来，弄得那些被暗地里"瓜分来瓜分去"的老师们全都哭笑不得。

正当年，人又随和、善解人意的余秋雨，自然是仰慕者"争抢"的重点。后来大家把这事当笑话讲，余秋雨自己也摇头，觉得整桩事件秘密部分还挺可爱挺好玩的，不过后来变成公演，就太认真太不好玩了。看来他还是喜欢被女弟子们"认领"、"支派"，喜欢这种游戏般方式下的明朗、认同，但一旦失了把持弄成街头巷尾的飞短流长，他可不欣赏。

后来台湾美女肖蔷说她在敦煌拍戏太苦，只有读余秋雨才得以熬过那段日子，不久又有台湾把他排在十大美男子之首的消息传来，他开心地在电话里和我谈论这些事，问我听说没有。我说听说了，报纸上登得到处都是。他呵呵笑：这真是太开心太高兴了。

有次我当着他的面一激动，差点也没把我们宿舍的"黑名单"交代出来——当然为了师妹们的面子，还是"理智"战胜"冲动"，"打死也不说"，免得把一段愉快、调皮的日子弄得太不好玩太没趣了。

那时的余秋雨竟然从没来过我们这几个女弟子的寝室，好像也从不主动找我们。也不知是否被之前的"争抢"事件给吓怕了。对待这些感性十足的"戏剧女人"，也许躲得远一点为妙。

研究生宿舍夜间没有熄灯一说，晚上大家都睡得晚，第二天中饭之前基本上都是"睡美人"的干活儿。有时门外会响起敲门声，我们要么不予理睬照睡不误，要么被敲烦了，便齐齐地大吼一声"谁！"门外立马静如死水。但愿这样的门外，不会有那个"秋雨兄"。

倒是经常在课间、在校园碰上后打声招呼，却又能感觉到他对这几个女弟子的近况了如指掌。像谁总爱跟谁一起玩一道逛街，谁又在跟什么人谈恋爱了，谁又不见了踪影，他总是有数的。

那时上戏后面的华山路幽幽静静，不宽的小马路上，完全被高高厚厚的梧桐树叶遮掩住，临街少有店面，一些花园洋房藏在围墙后面，不露声色。只有一路公共汽车来往，到了华山路，上下乘客都要减少。我们没事就在路上闲逛，到前面的小面包房去买法式面包吃。还有靠近衡山宾馆的一家外贸店，差不多快成上戏男女学生服装专供处了，凡是有新到外贸服装的日子，就会有上戏学生在校院里传播消息，爱买衣服的人就一哄而上。

还有淮海路、华亭路，都是爱去的地方。

经常逛得筋疲力尽回来，走在华山路上，吊儿郎当的样子，碰到秋雨兄，便会做贼心虚起来，干笑一声，逃进校门。倒是秋雨兄，总是老熟人一样，问声："咦，又是你们两个人啊？"或者说："穿得这么漂亮，去哪里玩了？"

其实我们都清楚，以他的风格，他不可能会批评指责我们逛大街消耗所谓大好时光，只要带着脑袋带着眼睛，上哪儿去碰上点事都不会是白碰上的，都会是有收获的。只是我们自己，因毫无建树，总有些不那么理直气壮。

在上海跟着师妹们，我学会了逛街。上戏离淮海路和华亭路很近，出了后门悠悠地穿过那些两旁净是小洋房的窄马路，就到了华亭路上的服装摊。在华亭路上我们学会了跟卖衣服的上海人讨价还价，我总是看中一件衣服，便躲在师妹的身后，让她们用纯正的上海话杀价，好像邻里拉家常。

上海的小青年从来不会舍得和女孩子翻脸，价杀到一定的程度，就会挑明了说："阿拉晓得咯，侬是上戏的学生，侬上戏学生在阿拉咯买衣服咯许多咯，阿拉勿会多要侬钱咯！真咯！"

到华亭路买衣服的除了一帮一帮的上戏学生，还有不远处音乐学院的学生，还有不少不知从哪里冒出来的老外。本来上海人穿衣服就有点讲究，到华亭路上去买衣服的，一般更不会有穿得太傻的，光是买衣服的人各自的衣着，就已经在相互影响着。那里也是大多数上戏学生弥补和完善服装审美感觉的现实课堂。

学校就那么小，谁今天穿了件特别点儿的衣服，都会遭到所有人的激赏。有一回在华亭路买到一双很特别的小凉鞋，平底，就那么几根小带子，简单大方，露出自我感觉特别好的一双小脚丫，走到宿舍门口，立刻被坐在门口闲聊天的男生盯牢。双脚都走出那束聚光灯，又听身后一声由衷的赞叹："好一双香港脚啊！"

我们还喜欢结伴去逛城隍庙，吃上海小吃，每一次都撑得发誓下次一定少吃几样。我这个人不认路，经常糊里糊涂和师妹们在大上海的许多角落里乱窜。印象当中，正是从上海开始，我爱上了在大街小巷里游荡，在处处都是市井之声的人群里转悠。

说实话，那都是平时导师们怂恿的结果。

导师们总是鼓励我们走出校门，不要我们成天圈在宿舍里，生怕书本与学问会磨钝我们对生活、对生命的触觉，会磨灭我们对周遭事物的热情和感觉。他们总是说一定要转变过来，你们现在是在艺术院校，是在读艺术，再不要做书呆子、老夫子了。

阳光明媚的日子里，表演系的男生女生会坐在院子里晒太阳，摆着架势，顺带也展示一下他们的美貌与青春。而这时，无论碰上余秋雨或是别的导师，都会体恤地劝我们：多好的太阳，出去走走吧，别闷在屋子里，去把大上海好好地看个够，去城隍庙逛逛，去外滩走走。

即便是穿了件漂亮的衣裳，也一样会得到导师们美学上的肯定和夸奖，那种时候真的是很愉快的。

被我们称作秋雨兄的余老师，整个人和学院的气氛也很融洽，身上没有学问做大了的沉重，总是穿条牛仔裤，随随便便地走在学院的小花径上，一路招呼过来。

2002年年初，余秋雨刚结束"千禧之旅"回到国内，有记者傻乎乎问他："有好几个女主持与你们同行，你太太会不会反对？"我偷着笑。他们真是对余秋雨不够了解，你想在上戏当老师，在上海在全国做戏剧搞讲学，他身边什么时候少得了女性、少得了美女，居然问了这样幼稚的问题！拿去问那些书斋里的老学究还差不多，可能会让他们有反应。

学院里的漂亮女孩多多的，他对谁都亲和、友善，一点不死板，但总是在一个度上，不会有亲昵之态，这一点搞得倒有点太像"灵魂工程师"。即便如此，学院里的众女生也爱拿他随意的一句话一个举止太当真。记得一位本科小女生，大概是她妈妈与余秋雨认识，托余秋雨给她女儿捎过东西，这就已经招得班里的小女生们嫉妒了。偏偏这个不谙"世事"的女孩儿，还对人说她妈妈跟余老师说她是上戏校园里最有味道的女孩。结果这个倒霉的小女生一下成了全班女生的公敌，从脸蛋到身材被大家批判得一无是处。本科女生们在澡堂里哇啦啦跟我说这事时，我听得好玩死了。心想"秋雨兄"不知道，他莫名其妙地就把一个小女孩给"害惨"了。

或许是在美女堆里呆得太长，各种各样的美人见得太多，他对女性，反倒是怎么看也总能看出点对方的"美"来。这也有点"大师级"的味道。好比我，看俊男就是俊男，看丑男，肯定也只看得到他的丑。但他不，他总是能看到女人们独特的那一面，会说那个女孩子是漂亮的可爱的，再不济也是蛮有意思的。就像他也爱对人说马小娟是个"美女"一样，人家一看，哎呀也不过如此嘛。

　　那次和他一起坐车，派来开车接他的是位女性，我这个笨学生身为"中间人"，都没搞清楚她是什么科长处长或是专职司机，更不知如何向余老师介绍她，就干脆"装死"，什么也不说，只当她这个人不存在，反正一会儿就到目的地了。倒是余老师，怕她被"冷落"，又怕她太拘束，主动和她搭起话来。肯定不会问你爱人干什么的这种土人才问的话，他夸她开车很潇洒，说女人开起车来，比男人还要潇洒。我发现那个沉默的女人，一下就被夸得愉快了起来。再看她开车的架势，的确也透着些许的果敢利落。

　　他对女性，有一种非常宽厚的欣赏，不知用"慈悲"是不是准确，大概也就是这么个意思。反正在他那里，没有一无是处的女人，他懂得欣赏不同的女性身上不同的层面、不同的风采，并且有本事选择最合适对方的词汇表达他的欣赏，听起来自然、贴切，又叫人开心。

　　看看他《千年一叹》《行者无疆》里的女主持、女伙伴，在他笔下个个都是美美的，自信十足的，真个是各有各的神采。

　　由他编剧的黄梅戏《秋千架》在北京演出，刚散场回家，他和马兰在电话里问我怎么样，我也不知自己怎么搞的，想都没想，就说我觉得它有点女性主义啊。

余老师一下就愣了，没接上话来，或许一下也不知我这是从何说起。我也不知道怎么搞的，也许是因为他为妻子马兰量身定做，有太多情感的因素在里面；也许是因为有一个"女扮男装"的贯穿线在里头，我一边看就一边意识到了台上那种女性与女性之间的亲密与互助（决不是红娘帮衬着崔莺莺搞张生的那种营生，那种需要借助别人来安排的偷情，晦暗又暧昧，毫无浪漫可言，却经常在戏曲舞台上被渲染得一波三折，简直受不了），我能感觉到他对古代生活中女性可能拥有的另一种生存方式的美好设想或者愿望，他完全从女性的这边出发，从女性的理由，去发展戏剧情节。而男性在整出戏里，是在女性的后面的，是需要女性去成全、去救助的。它会让我突然意识到，在古代生活里，众多灵气十足的女性，她们是被集体地、无声地埋进了一个看不见的大坑里头，叫得出名的也就是李清照外加几位名妓。也包括现在，我经常会在一个虚张声势、自以为是的男人身后，惊讶地发现一位清秀聪颖、泰然安适的女子，她可能不是什么处长局长 CEO，也从不写东西发泄自我扮美女作家，但你会对她一见如故亲亲切切，并且知道，她内在的光芒早已覆盖了她前面的这躯酒囊饭袋。这些是我看别的戏曲时从来没有感觉到的。

现在我想，这会不会也是他对待女性一贯的宽厚、体恤态度的不自觉流露？它也许不是《秋千架》想要传达的本意，但一下被我说出来，真有点不着边际。

在上戏，男弟子喜欢传扬余秋雨最近又露了点什么新说法，女弟子更爱议论他最近又做了点什么事情，很在意的样子。

有次在校园相遇，余老师突然问我，马小娟，你爸爸是马正太呀？他的样子还带点小小的惊讶，好像对我又有了什么新发现一样。就像现在有人问我你是余秋雨的学生呀？

我心里一下就乐了，没想到他问我这话，心里猛得意，嘴上反应却慢，不知怎么回答，便朝着他傻乐。

我的老爸在我们那个省里算是文化名人了，搞得我上小学、上中学那会儿经常招来老师和同学的羡慕与好奇，心里没少虚荣过，尤其是男生们投过来的目光，受用得很。不过一上大学出了本省，我就把这事儿忘得光光的。大学里也没人知道我的这点"光荣史"，那些搞当代文学研究的教授们，目光都盯着"巴、老、曹"，再不济也是赵树理，像我老爸这样的"小作家"自然进不了他们的视野。没想到跑到上戏，还是余秋雨主动提起我老爸，那么直接，还那么愉快，搞得我好不得意，重温了好几天早年的虚荣。

当时体操运动员童非的姐姐也在上戏进修，他们的妈妈潘凤霞是著名的赣剧表演艺术家，和我老爸是熟人。童姐姐听余秋雨这么一说，也把我和我老爸对上了号，免不了一顿吹呼，搞得一位争强好胜的小师妹好一会儿缓不过劲儿来，嘀咕说搞半天你们都是名人之后，连秋雨兄都知道啊。

搞得大家都想在"秋雨兄"心里多加点分量似的。

观摩，逃学，听余秋雨的课

"如果问我，我们学院的研究生群在业务素质上还应该增添一些什么，我的回答是：首先还应该大幅度地增添创造意识。"

"离开了创造，就不存在一种真正的研究。"

"秋雨兄"总是那样稳稳地坐在讲台上，慢慢地和我们聊。

我毫无坐相，身体趴在课桌上，一脸平静。

满脑子的喧哗是无声的。

我总在逃学，东游西逛，难得坐下来安静地听课。

她们也给我取外号，叫我"马小痞"，弄得我毕业后给她们每一个写信，最后落款总是一个大大的"P"。

那时学校认识我的女生都知道我的外号，有回楼下舞美系的小不点儿顺着窗户往上喊我，喊得急了就听不见中间那个"小"字了，再喊得急了，就让人听成另外两个字，终于惹得楼下表演系小楼里一位女教师大骂："这是谁呀？这么不要脸！"我们吓坏了，半天才想明白怎么个"不要脸"了，一下就笑翻了天。大家反复地念那三个字，越念还真越像那两个字。从此没人敢大叫我的外号，免得再挨骂，再"不要脸"。

我那时很牛的一点，是在南京大学工作过两年，每个月都比别人多领到"好多"钱，让师妹们眼红得不得了。我不仅可以多买书，还可以多买零嘴，在华亭路上的小摊上多买几件小布衣，高兴得很。那时宿舍里的人爱跟着我把人民币叫做人民 P，叫得咬牙切齿的。那完全是假装潇洒来着。太不把钱当回事，是因为那时太没钱花了。

这时没有任何人禁锢我的思想与行为，我感到自己比在南大时更加有力和强大。我是说那种思考问题时的力量和强势，它们会朝着一个方向扩张和奔走。思考的成果，总带来莫大的欣喜和膨胀。

但不知为什么，我的手并不勤，我没有再现这些成果的冲动。

我爱说要有台那样的机器多好，它可以根据你脑子里的电波什么的，记录和翻译你的思想。

我没有听从余老师的话，没有多写文章，也没有给自己制定一个完整的创造计划。整个的人是静态的，没有人看得见脑子里那些奔流不息的火花。

更多的时候我喜欢胡说八道，不爱正儿八经讨论学术。

那是一些幸运与幸福的时光。上戏的红楼里，总是永远飘扬着琴声和歌声，还有表演系的台词声。隔壁几步远的教室，也许舞美系的学生正在静静地描摹着人体模特。好像只有我们的脑子才在思考，才在运行之中。完全是一幅动静相辅、形态各异的长卷。

过去在南大时，教学楼里总是安静的，晚上总像是透明的灯城，远看过去是空的，鸦雀无声。里面却容纳了上万名埋头苦读的学子。在南大读了四年大学我从没上过晚自习，主要是上晚自习的人太多根本占不到位子，很多人都是下午就去占座位，搞得很累。我不喜欢。

上戏的红楼晚上看书的人很少，差不多是空荡的，我已习惯在一片"戏剧的氛围"里晚自习。看书累了，踱出教室，没准哪个班里就在排练小品，又吼又叫的。站在门口看看，歇歇眼睛，放松一下心情，很好。天性散漫的我很喜欢红楼的气氛，喜欢晚上在红楼专用的教室里看书，喜欢和隔壁本科班的小女生聊天。

十几年后我在北京读余秋雨的《长者》一文，里面写到他16岁时报考上戏、在上戏读书时的情景，还有他班里的那些同学，感觉里就又出现了上戏小院儿特别是红楼里飘然的气息。他说他高考那年首先想到的是决不能报考名牌大学的中文系，我看得会心一笑。他说自己同时考取了一所军事学院和上海戏剧学院，结果是上戏抢先一步拿走了档案。他自己跑到上海市招生委员会，想要回档案去读军事学院。委员会的主任是大名鼎鼎的姚力先生，他耐心听完余秋雨的申诉，用一种宣判式的语调对他说："我们国家打仗的时间太长，军事人员过剩而艺术人员缺乏，你应该读艺术。"于是余秋雨和众多优秀的、无意于名牌大学中文系的高材生一起，成了上戏的同班同学。可惜他们那个时候的课程太差，谈不上什么艺术。

专业课叫"剧本分析"，分析的第一个剧本是朝鲜的《红色宣传员》，然后是中国的《夺印》和《英雄工兵》，更让人惊异的是所谓分析只讲解思想内容，猛一听全部都是政治课。这些社会上人人都能讲的话，难道就是大学课程？我当时不知道更大的背景，只认为上海戏剧学院以一种"最难考"的假象把我们骗进去了，于是整天忧郁。一位有革命经历的干部要我们抄写他新创作的剧本，说是给我们个学习的机会，记得剧本是歌颂一个劳动模范的，一抄之下便大惊失色，对学习前景更加担心起来……

　　那个写劳动模范的剧本还是一稿一稿改，每一稿都由我们抄，抄完后再送到打字间打印，我想这些劳动加在一起，一定远远超过那位劳动模范本身的辛劳了。

学院似乎没给他留下多少求学的美好记忆，他们那一批学生很快去了农村劳动。我猜他的理论基础和艺术感觉，更多地来自未来岁月里的自学与参悟。和他那时的学习条件比起来，我们这些后来者真说得上是幸福了。

　　校园里的实验剧场，那时是上海最好的艺术剧院，隔三差五就有外面的人想看都看不到的演出，印象中好像那个时候所有来上海交流的外国文艺团体的演出都在这里进行。

　　来看演出的净是留在上海的老一辈艺术家，还有新近冒出的新锐艺术人才。像白杨、秦怡、张瑞芳几个，就像隔壁邻居一样，有好的演出就来了，惹得上戏的学生们在剧场里总要引颈眺望。那种日子，总是上海文艺界的名流纷纷出动的时候，演出前的几十分钟里，隔不了几分钟就会有一点小小的骚动，一定又是一名大家都熟悉的知名人士进场来了。剧场里高朋满座，我们这些小字辈也深陷其中，有点耳濡目染的意思。现代戏剧的概念里，演出应该是由演员和观众共同来完成的，我们总是与上海最好的观众在一起，剧场里暗中涌动的审美热情，也带动我们做出相应的反应。每一场观摩，都成为一次共同合作完成的艺术活动。

当然受益更多的还是来自观摩内容本身，虽然许多的演出走马灯一样，一场接一场，有时看得今天忘了昨天看的了，但是潜移默化的影响却早在发生着，还有的会潜伏在我们的身体里，突然有一天就爆发出来。

上戏的课都安排在九点以后，完全不像别的学校那样冬天恨不能天没亮就进了教室。即使这样，多数时候红楼里的学生还都在盼着第一堂课下了后去买两个包子来果腹。每天食堂都会准备热腾腾的包子，等着这些饥肠辘辘的懒学生。大家一路咬着包子一路回红楼接着上第二堂课，嘻嘻哈哈。表演系的对我们一般都是"敬而远之"，因为我们正在听余秋雨的课，在他们眼里就高深得不得了了，好像我们吃包子也要吃出思想来。

我们的教室是敞开的，谁都来去自由，却少有别的系的学生来听讲求学的，倒是听说有我们的男研究生假装走错教室，就为看一眼人家脱光了衣服的模特儿。

偶尔会有陪研究生男朋友来听课的真假美女，但听着听着就没了人影，不知是听不太懂，还是对教室里的"氛围"感到了压力，反正是没有能坚持得下来的。有几次我瞥见过表演系一女生在下面听余秋雨课时的表情，就那么一直朝着他的方向伸长着脖子，脸上一直在开放着愉快的、一成不变的笑容，弄得我反倒听不好课，老分心，一是怕她那样时间长了虚脱过去，二也是怕"秋雨兄"在上面被她弄得也分了心，讲不好课。好在"秋雨兄"也是见过世面的，又何况在上戏的院子里好歹也"混"了几十年，什么样的美女什么样的表情没见过，自然是"处变不惊"，该怎么上课还怎么上课。

在我这里，"秋雨兄"的授课，有些像针灸，话语一下一下的，刺激过来，令大脑中的众多神经启动开来，思绪飞扬。那些日子，一旦陷于内心的思考当中，那些话语竟然都是以余秋雨的声音出现在脑子里的。听课时的专注与痴迷，几近中毒。

我现在很想念那一大本被我绝情卖掉的课堂笔记本，我想重温他究竟讲了什么，想看看自己记录下来的那些话。我更想把它们展示在这儿，让更多的人读到它，领略它。可惜已不可能了。我对自己恼火，那些卖掉的书可以高价买回来，余老师课上那些智慧的火花，却再难收集。

我曾愉快地读过汪曾祺的《蒲桥集》，里面有一篇《沈从文先生在西南联大》，写他听沈从文课的事情。他说自己从不记笔记，所以沈先生讲课时所说的话他几乎全忘了！他说他有一个同学把闻一多先生上唐诗课的笔记记得极详细，后来整理出版，书名就叫《闻一多论唐诗》，很有学术价值。他说如果他把沈从文讲课时的精辟见解记下来，也可以出一本《沈从文论创作》的书。"可惜我不是这样的有心人"，老头说自己。我有时也爱玩闹着设想，如果那本听余老师课的笔记没被我当废品卖掉，如今一整理，是不是也可以出一本《余秋雨论艺术》？真是可惜！

我只有竭力去回想。

太奇怪我一点想不起他课上讲的内容。他从不强调他的重点，也不带任何的手势，总是平静地表述着，好像拉家常一样。

记住的只有听他讲话时带给我的感觉，脑子里一亮一亮的，总有惊喜。我估计我记在本子上的东西，余老师自己也都不记得了，很多是他游离出去的那些例子，他对艺术作品中情节和人物的感觉与感悟。我喜欢听他那些最直接的审美体验，总是与众不同。他的艺术感觉和悟性，好得让我这个学生只来得及追随。记录下来，完全因为情不自禁。好些作品连名字都想不起来了，记住的只有当时脑子里那么一激灵的感觉。

那是听他课时最大的收获。和看他书时又不太一样，看书是被他开阔的思路席卷，听课时我的思路却总是懒散的，有一搭没一搭，本子上也不记什么一二三，只是跟着他一路东看看西瞧瞧，到了紧要处张大了眼停下来时，一定是他讲述那些触动他感觉的作品的时候。他的声调还是那样不紧不慢的，眼镜片还是那样平静地停在光线里，但他的那些纯属个人的审美体验当中，有一种好得令我惊异的第一感觉。就在他平静地叙述着自己的感觉时，不知不觉当中他会把这感觉提升至又一个让我更加惊异的理性概括。他总是能迅速把自己由一个充满灵性的观众突然变身为一名智慧的艺术评论家。我在下面听着，唯有惊讶和佩服。因为他从不提高自己的嗓门，或者多加一个激动的手势，听的人只能在不知不觉中被他的话牵引，等到了柳暗花明处，大惊失色，不知自己是如何从"山重水复疑无路"中出来的。

难过的是我现在一个也想不起来。

他教我独特的看问题的角度。

他教我不一样的表达自己感受与观点的语言。

他什么也没有教我。我却总以为自己受他影响太深。

有一天又是逃学半个多月返校。有一阵子没有听到余老师的课，就问宿舍的师妹，最近"秋雨兄"又有什么精彩言论我没有听到的，要求她们说来共享一下。

刚刚满腔热情给我物色了一名男朋友的师妹，对我的临阵脱逃十分有气，说有啊，最近"秋雨兄"专门就你的问题发表讲话，要求大家学会拒绝，学会说"不"。"躲是没有用的！并且是不负责任的！"她说。我当然不会信她的鬼话，但也基本知道她话里的意思。我要求她展开些，不要对"秋雨兄"的语录断章取义。

她告诉我，"秋雨兄"在谈到人性的弱点时，举了一个例子，关于拒绝和及时说出自己的真实想法，说人有时会迫于一时的情面或其他各种理由，答应、承诺某件自己根本做不到甚至根本不愿做的事情，接下来，就有他自己痛苦的，他会陷入由此而引发的一系列耐烦与后果里，最终不仅自己的生活被搅乱，而且还四处不讨好。要避免这样的境地，唯一的办法，就是学会拒绝，一定要勇敢地毫不犹豫地大声地说出那个"不"字。像我们这些研究生，正处在创造力的最佳时机，精力和时间都是金贵的，一定要把有可能发生在自己身上的琐碎过滤掉，把那些不必要的、尤其是自己根本不愿参与的事情挡在外边。也许第一次第二次很难，但坚持下来，其实非常容易。慢慢地，别人也就适应你的这种作风了。

我说好了，"秋雨兄"要是早点说这话，我就不会犯错误，也不会害你生这么大的气。师妹依然不解气，拿话刺激我，说那位我不给他面子的博士后气得点烟的手都在发抖，现在已经准备回老家现找一个准老婆，半年后结完婚就带去英国。我大喊怎么改英国了，不是说去美国吗？早说呀！我一头扎进被子里，做撕心裂肺状：哎呀呀我好悔啊，我要出国，我要去英国，我做梦都想做英国老婆！师妹跳过来踢我：马小痞，你不要再装死了！

　　可不是，因为一时的软弱，可怜的我已经吓得在校外躲了半个多月，又漏听了多少"秋雨兄"的精彩言论。他会把很小的事、很简单的道理说得通透见底，不留余地，让你没有理由去犹豫，没有理由不采用强有力的行动去实施你的决定。

　　余秋雨举的这个人性的弱点的例子，可能每天都发生在我们身上。我就经常陷入其中。我相信也同样会经常发生在他自己身上，一定是教训太多，才会跟自己的学生郑重其事举一反三。最要命的，这种事更多会发生在"善良"的人身上，所以这里头还有一个跟自己作斗争、战胜自己的隐性过程，不是每次都能顺利闯关。

　　那样的时候，总是为自己苦恼、烦躁。不过经他那样挑明白，你会觉得真的，这有什么难的。一些很简单的事，总是被我们自己羞答答越搞越复杂，后患无穷。

　　再有类似的事发生，我总想起他说的，一定要勇敢地毫不犹豫地大声地说出那个字——不！有时忘了，或是环境与情面占了上风，让自己陷入那几乎是没完没了总也结束不了的麻烦里时，就会在心里对自己喊：结束！结束！现在还来得及，只要说出那个字！

　　他的话很多时候就像一根救命稻草。

　　这让我省去很多麻烦，丢掉许多包袱，过得更纯粹和简单。

　　他还说要让别人适应你。这话经常被我拿来做自己行为的支持点、支撑点，包括后来在单位很多年被大家认为"狗屁"。

　　这也让我经常看上去有点牛，虽然这种"牛"也经常要带来些另外的结果，但你不把这结果当结果，也就无所谓什么结果了。

在他给我们推荐的书里，有一本房龙的《宽容》。

所以记得这样清楚，因为我当时不懂他为何要推荐这样的一本书。肯定不是因为书名，也不仅仅是因为文笔。可我这个学生从头到尾翻了一遍《宽容》，只仿佛又上了一次速成的人类思想发展简史，除了觉得它文笔活跃，并没有看出别的什么名堂来。以我那时的年轻气盛与褊狭，我对书中通篇弥漫着的"容许别人有行动和判断的自由，对不同于自己或传统观点的见解的耐心公正的容忍"，并没有真切、到位的感觉。它其实根本不是一本通俗意义上的历史书，房龙的兴趣并不在"研究史前历史"，而余老师叫我们看的本意，也不会是要我们再速成一次"人类思想发展史"。

十几年后，我看到黄仁宇的《万历十五年》，喜欢得不得了，到处向人推荐，最后发展到强迫周围的人看。我说那些搞中国历史的人全都一头钻进故纸堆，没得连根头发都找不见，我还从没见过有人这样谈论中国历史的，我太喜欢了！求求你看看这本书，你不可能不喜欢的。以后，见一本黄仁宇的书，会扑过去疯读一本。购齐读完了大陆版的所有黄仁宇著作，包括他去世后出版的回忆录《黄河青山》，算是个"黄迷"了。起先甚至不知道黄老已是九十多岁的老者，一度起了要去美国做"黄大哥"学生的念头。最大的收获，是让在许多时候对"中国历史"总扭头而去的我，重新对中国历史有了巨大的兴趣。我一下从历史当中跳了出来，看见了历史里那么多鲜活鲜活的生命个体。我开始学着黄仁宇的方式，看中国历史，谈论中国历史。

现在想，黄仁宇的方式，与房龙是一致的。我后来又翻出房龙的《与世界伟人谈心》（书名可不怎么的）再读，他们无一不是以 20 世纪人本主义的态度，去体贴和谈论历史中的人。重要的其实不是文笔，而是角度，是叙事的方式和态度。同样的一次历史之中的事件，如何来表述它，这是主要的，是你自己的，就像余秋雨后来的散文。

一直记得余老师要我们好好读《宽容》，也一直记得自己这唯一的一次没有与他到达一致。读研究生，其实更多的时候导师也只是指一下路，要靠自己去悟的。导师不会像中学、大学里的老师，会逐篇逐句讲解点什么。因为平时对余老师的话最有感觉，那些能够接受和共鸣的，早已变通和扩张为自己的，就连那些暂时没能跟得上的步子，也一直会留一个清晰的影子在记忆的底版上，随时等待冲洗扩印。很多东西，即使当时没有意识到、感悟到，但他说话时的口气和背景，还有自己的感觉，总会保留在那里，某一天时机一成熟，结果就会自己成像并显现。

没想到他一再提到的要读《宽容》，而自己又不能领悟其中意义这件事，成为了一个结，要等到研究生毕业十几年后才解开。这一解开，又不知是因为积压的岁月太长，还是房龙亲辟的这条学术之路风景实在太宜人，我竟发现，其实长久以来自己喜欢和有感觉的人与书，有许多早就埋伏在这条线上了。是再一次的暗合。

总说自己与余老师之间并没有学术体系上的传承，但是很多时候，我感觉得到师徒间的一拍即合，或者表述上的默契。就像他十几年前就看重房龙，我十几年后喜欢黄仁宇，他们在学术上都是违背传统的史学研究方式的，他们都喜欢以现代人的目光去打量那些死去和消亡的人与事，找一个角度，觅一处入点，用自己的语言去表述。他们总是尽量地客观和公正，不轻易做出评判。这一切刚好用"宽容"来定义，再贴切不过了。

而这正是余秋雨一贯坚持的。

那时我却年轻得不能领悟这许多。

我只抓得住那些我感觉到的，那些我的内在也存在着的。因为它们早已潜伏在那里，余老师的点拨，只是激活和惊醒它们，使它们得到了扩张、膨胀。

我看不见那些我没有的，感觉不到那些我暂时没感觉的。

那时全身心仿佛都浸淫在尼采、萨特的哲学气质里，特别能接受和感应到余老师话语及文章当中那些强有力的思辨与句式，它们总是充满着一种居高临下、势如破竹的力量，会迅速地激荡你、裹挟你。有时我甚至搞不清他后来在《千年一叹》《行者无疆》里展示出来的舒展、平缓，是早先被我忽略掉的，没能及时感觉到的，还是他自己也历经时间的沉淀确立下来的另一番从容不迫。

文如其人，余老师的形象，其实一直和《千年一叹》《行者无疆》里的余秋雨更加吻合。

没有课的日子，也能看见他拿个饭盆，穿着牛仔裤，去学院的食堂打饭吃。上戏食堂的餐桌和小圆凳是连体的，好像游乐场里小朋友的旋转马车，每张圆凳上都骑着个大孩子，两条腿舒舒服服搁在前面的支条上，围着大大的餐桌，乖乖地进食。余老师骑在这样的高圆凳上吃饭，身边的有利地形，总被那些表演系、导演系的学生抢去。也难怪，他们听他的课少，边吃饭边讨教，甚至只是以和他一起说说话为荣，这些都是再愉快不过了。

吃饭时遇上，余老师总说马小娟，你又消失有一段日子了，你总像是个游离分子。

印象中，这竟是上戏时代他对我说得最多的话。"马小娟，你是个游离分子"，他的语气和表情，我总看作是理解和容忍。我那时意识不到任何的遗憾。总觉得余秋雨是能够体察一切的，是宽泛的，他不会在乎和反感我的自由散漫的。

总是那样任性。刚听完一堂课，就胆敢上去跟余老师请假，做出可怜的样子说，余老师我有个约会，马上就要去，晚了就来不及了。他的脸上没有丝毫的愠怒，只是理解地说，你去吧，没关系的。我马上一脸笑容，跑出教室去。

更多的时候，人在校外，终日游荡，连假也请不了，干脆无故缺席。

再次见面，他待我依旧地平和、宽厚，只说，马小娟你是个游离分子。

那时更多的还只是课上的学术交流，我没有勇气向他袒露我身心迷离的另一面。上戏的校院里处处是青春，是爱情，是热烈与奔放，好像空气中都飘散着荷尔蒙的气息。而我不知怎么搞的，总也爱不起来。没有爱情，没有男朋友，我呆不住，总想逃开。我像个可怜虫。余老师的课，总是对我有无限的吸引力，还有上戏实验剧场里常有的艺术活动，会让我充实好几天。但更多的时候我不高兴。不高兴就要想法让自己高兴，就要出去游荡。

他从没有批评过我，说得最重的也就是个"游离分子"。偏偏年少张狂的我，还觉得这是某种程度的理解和包容。

他有过一次不悦，非常明显，叫我感觉到了，印象也就一直存在。

在上戏戏文系的小洋楼里，余老师召集我们全体研究生谈话，是一次非常严肃的谈话，关于我们两年来的学习总结、个人发展。我坐在那儿，忘了正被自己一时的什么念头激动着，手舞足蹈，哇啦啦大放厥词，完全没有在意余老师的开场白。我的声音远远地盖过了他，却浑然不觉。场子里突然寂静下来，我才意识到余老师正停在那儿，等我把话说完。从他的样子，我看出了不高兴。我对自己懊恼透了，情绪一下就塌了下来。

就在那次，他又提到了要我们有"创造意识"，他迫切地希望我们行动起来，不能真的总是像块海绵那样在吸水，只进不出，到了该喷放出来的时候了。他要我们动起来，要写，要把信息量发送出去，要让上海的文化界、全国的文化界看得见我们的存在。他甚至说他可以去给我们推荐我们的学术成果，帮我们找学术刊物发表我们的论文。不管写了什么，都可以给他。

他的表情很殷切，有些严重。我因为刚刚犯了一个自己也不能原谅的错误，情绪低落，就觉得他的每一句话都是冲着自己来的，都是对自己的不满意。两年了，我除了在《上海戏剧》上发过两篇短短的小文章，什么也没写。可是研究生面试时，我在他面前曾那样的雄心满怀，信誓旦旦，一副将要在戏剧领域大展宏图的架势。我简直就像是个骗子，混入了上戏，还骗取了他的信任。

身心的迷乱还有性格中一些不稳定的成分，令我总坐不下来整理自己的心得。

两年的学习把我引领进一个开阔的戏剧天地，我已经能够站在高处，好好地、从容地打量这座由无数戏剧家和艺人为我们搭建的巨大的戏剧舞台了。我尤其热爱莎士比亚，迷恋现代欧美戏剧。但又没有定性好好地攻克一下外语。英语在我的感觉里，只是一个个似是而非的单词，读起原文来自己倒也挺兴奋，还挺通畅，但是自己知道大多时候是在望"字"生义。几个模棱两可的单词会让我的思路莫名飞蹿十万八千里，其实可能根本不是那么回事。估计读诗歌比较合适，空间大不是？记得有回看到有人写文章，说看过台湾版的《生命中不能承受之轻》，原来和大陆版的很不一样，他认为大陆版的差不多快成翻译者自己的创作了。我一下就乐了，难怪我们看它看得那么起劲，敢情它太合我们的"口味"了，要是哪天自己想不开也来翻译点什么，估计也要遭人揭发。

有次余老师说到"文革"时别人造反干革命，他却气定神闲在一旁读英文版的马恩著作。他不知我听得心里有多惭愧，那时他才二十岁，那么早熟和沉稳，我猜自己在那样的大动乱背景下，至少也要昏天黑地谈个恋爱什么的，哪里能有他那份从容和冷峻。有些东西真的是使劲学也学不来的。余秋雨之所以成为余秋雨，有他自己骨子里的东西。

我看不起别人只在翻译过来的基础上搞研究，以为那不过是自欺欺人，但自己的外语水平又不足以去获得一手的材料。所谓"眼高手低"大概就是这个意思吧。我只好"委屈"地把自己的目光停在了中国戏剧这一幕，收获的却又是另一番完全不同的思考和结果。而以我当时的学术能力，我还只能停留在怀疑和否定阶段，我还没有能力去建设些什么、构筑些什么。依照中国传统的学术手段，个人的研究总是要依附于具体的剧作家和作品的。而我，目光无法在已有的任何一个结果上停留。

　　转了一个圈，我又转回到原来那个地方。

　　有一次余老师对我说，他认识的一位研究柔石散文的年轻人，自己写的散文不知要比柔石的好多少，却很少去写，只在那里一心一意、心甘情愿地研究柔石的散文！

　　毕业许多年之后，我也终于敢对余老师说出这样的话：我研究了三年戏剧，最大的收获是中国根本没有真正的现代戏剧！

　　余老师哈哈大笑。这时他也早已超越了戏剧本身，进入了另一番天高地阔当中。

成功到来之前的许多环节

以后太多的人听说我是学戏剧的后，大惊小怪地看我。我也学会了自嘲。我干笑着说，不好意思，我和戏剧"邂逅"了三年。

终于还是没有走上做学问的路，三年研究生生活也没能帮助自己沉静下来。我那时还在断断续续地写着小说，记得一位和我年龄相仿的《上海文学》的小编辑看过我的小说，喜滋滋拿去捧给主编，却被主编轻慢、教训了一通。他只好安慰我，说他将来混到了主编的位子，一定发我的小说。我像许多现在二十几岁又有点想法的年轻人，每天都在认真地问自己：我是做学问呢，还是写小说？结果就是我既没做成学问，也没写好小说。

我有时觉得自己这一点和余秋雨老师倒有点相像，既有理性，也不乏感性，不同的是他学问做得好，散文写得又独领风骚。应该说他把自己开发得很好。

人们总是更容易看到对方的成功，很少贴近地去想成功背后的众多努力。我就知道在我的一些朋友中，大多都是才华横溢的，但他们也和我一样，基本上都还停在"愤青"阶段，沉不太下来以自身的才能去创造些什么，去获取社会的认可，这使他们产生了另一种不理智的心态：在他们眼里，凡是社会认可和接受的，就是媚俗和不光彩的，凡是日子比自己过得好的，就是不正当的。就像他们有的说到我的老师时，总是要冒出几句"愤青"式的话语，有时会连带着把我也攻击一番。我站在他们中间，对谁都客观、体恤。

有时会想，像我这样"无法无天"、"目中无人"，如果不是因为余秋雨是我的导师，如果不是因为他又正好是我喜欢和欣赏的人，我会这样把心态放得平平的来阅读他、追随他、进入他的世界吗？

真把自己问得吓了一跳。

在我结交的朋友中，大多不乏才气，也大多埋没于世俗间，与社会格格不入。当然这种格格不入，有的属自我放逐，有的则纯属无可奈何。他们可以无保留地推崇某一位远在天边的西方作家、艺术家，无论死去的还是活着的，但无论如何，对自己周边冒将出来的新锐人物，是不会轻易服气和认同的，除非是自己的狐朋狗党。这里头有骄傲、嫉妒、不平、不屑等等复杂情绪在作怪，让我们自愿放弃了与同时代另一些同样有才华的人群的沟通。

记得早年有一回我和女友去文化宫书市淘书，要淘的当然都是西方文学与艺术类图书，那时是很不屑光顾中国文学的。走过一家书摊，看见那里贴着张海报，是一位永远在写知青小说的作家在那里签名售书，我们都没耐心读完过他的任何一部小说，却对他照搬生活毫无想象力的所谓写实深怀恶感与不屑，我们就决定损他一把。瞅了个没人的空儿，我和女友肩并肩朝他走过去，满脸文学女青年的表情。就在那人想当然要接受我们的崇敬时，我们小脸一变，扭头就走，给他个不尴不尬自讨没趣。跑出了老远，我们还蹲在地上笑得起不来。

这就是我年轻时干的众多好事之一。

现在想那当然是很伤人很不人道的。其实我从来也没有心平气和读过那人的作品，就因为大多数人喜欢他的东西，就让我反感他，不稀罕他。

其实还是余秋雨说得好，作为各自独立的作家，最好不要随意把自己的艺术尺度用在别人身上。

有一回，我对他说，我的朋友某某（也是一位"大名人"），不知从哪儿听说了别人对你的议论，对你很有看法呢。他无奈地望着我笑，不知说什么好。

我说我告诉我那位朋友，名人都是要被人议论的，中国人爱说"好事不出门，坏事传千里"，何况人家传你的那些"坏事"根本就是道听途说莫名其妙。在认识你老兄之前，我也听到过不少对你的议论，如果我不是后来有幸认识你了解你，成为朋友，你在我心目中也是另外一个样子。现在怎么样，现在我到处跟人说你老兄其实是个非常好非常体贴细致的男人，尤其对老婆好。我成了你的业余宣传员了。所以什么事最好是自己亲眼所见亲身所为，才好相信。就像别人议论余秋雨，许多是以讹传讹，挺不负责任的。有一次我看到记者采访陈道明的报道，他就说自己一直在抵制"听说"这两个字，先是根除自己嘴里的"听说"，然后是拒绝听别人嘴里的"听说"。我觉得就这一点，他还是挺智慧挺有脑子的，我们都要跟他学。

余秋雨听着我的话，一直在说"谢谢谢谢"，我感觉得到他的真切。

冷静下来想，其实我们这些相对年轻的人，在观念与心态上，很多时候比年纪大些的余秋雨，反倒要老旧、迟缓得多。他有时像是一面镜子，我看到他现在呈现出来的状态，会蓦然联想起这状态到达之前的许多环节，看到他一次次强有力的行动，更会照见自己死气沉沉和怨天尤人的样子。广告里说"×××年轻态"，"年轻态"三个字送给余秋雨很合适。

21 世纪了，年龄在一天天增加，我想大多数人到死也找不到自己那个位子的。眼看"愤青"成了"愤中"，再一不留神，就该到"愤老"的岁数了。一些笨人和蠢人，每天在那里可怜巴巴或愤世嫉俗，那是他活该，谁叫他无能又缺才。而另一些懒人，完全可以让自己活得更愉快和富裕。

此话算是共勉。

我猜他喜欢奇异、缥缈甚至幻象的
体验与刺激

我反正不以严谨的历史科学为专业，向来对一切以实物证据为唯一依凭的主张不以为然，反而怀疑某种传说和感悟中或许存在着比实物证据更大的真实。传说有不真实的外貌，但既然能与不同时空间无数传说者的感悟对应起来，也就有了某种深层真实；实物证据有真实的外貌，但世界万事衍化为各种实物形态的过程实在隐伏着大量的随机和错位。

我一直喜欢听他说这样的话。

也喜欢他在阅读和诠释作品时的再创造，那里头总会有他自己的体验与想象。

忘了说到什么，他给我们讲发生在宁波天一阁范家的一件事情，一直都让我没能忘记。他说到清朝时一位宁波姑娘，因为太想登上天一阁藏书楼读书，便主动要求嫁到范家，谁知她做了范家媳妇才知道，在范家的规矩里，女人是不能进天一阁的。结果她到死也没看上天一阁的任何一本书。

他讲的这个故事让我一直都记得，放不下。他总是会把这些本身就充满感觉的事件和人物讲给我们听，留下大大的空间让我们自己去填充。

十几年后，制作过电视剧《让爱做主》《浮华背后》的电视制片人、演员江珊的父亲江怀延说到他喜欢的余秋雨的散文，印象最深的是《风雨天一阁》，里面讲到一位姑娘，为了看书嫁到范家。江爸爸说他一直放不下这个故事，希望我什么时候写一个东西可以拍成电视剧，既有很好的故事，又能传达些中国文化的特质，了却他的一桩心愿。我没想到江爸爸也和我一样，对这个故事记得这样清楚，还如此在意。

关于天一阁范家藏书的故事与细节太多太多，但很少有人会注意到范家家族里存在过的这样一位女性的身世，或者传说。余秋雨一旦接触到，立刻就有了感觉，就紧抓不放，无以释怀。"当我抬起头来仰望天一阁这栋楼的时候，首先想到的是钱绣芸那忧郁的目光"。他一再地在课上、文中提到这个"每次想起都很难过的事件"，皆因他这位人文学者身上还深藏着感性的、审美的、想象的艺术家情怀。他在《风雨天一阁》里说，"我几乎觉得这里可出一个文学作品了，不是写一般的婚姻悲剧，而是写在那很少有人文气息的中国封建社会里，一个姑娘的生命如何强韧而又脆弱地与自己的文化渴求周旋。"

他总是对这样一些能够反映出人的真实生存状态的事件有兴趣，总是喜欢念叨这样的事情，不管是真实发生过的，还是艺术作品中勾勒的，既满足自己，也启发别人。

我看出他也和我一样，喜欢奇异、缥缈甚至幻象的体验与刺激，因为那当中，也一样会有某种真实的东西潜伏。

我喜欢念叨那些经历中不明不白、似是而非的瞬间，一些解释不清又终生难忘的转折，有时没选择好听众、场合与时间，会招来耻笑，但讲给他听，他都听得津津有味，更多的时候他要添油加醋推波助澜。

你看他自己写天一阁，说自己是读书人，它是藏书楼，自己身为宁波人，它在宁波城，却一直不得其门而入。后来总算得到机会，去的前一天却遇上台风和暴雨，第二天穿着借来的半统雨鞋进到天一阁的院子里，积水太深，才下脚，鞋里就进了水，便干脆脱掉鞋子，挽着裤管蹚水进去。在别人眼里，这样的过程，只是巧合，但他不肯放过，一下就让自己有了另外的联想："天一阁，我要靠近前去怎么这样难呢？明明已经到了跟前，还把风雨大水作为最后一道屏障来阻拦。我知道，历史上的学者要进天一阁看书是难乎其难的事，或许，我今天进天一阁也要在天帝的主持下举行一个狞厉的仪式？"

我来读这段话，宁愿把它当做他天性中偏好有趣、魅惑体验的不自觉流露，虽然他把它拿来作了文章的一个巧妙过渡，上升得有点太过理性，但我还是更喜欢这个过渡之前的他，充满了天真与惊讶，和平时聊天时的他更接近。

《霜冷长河》一书的自序，整篇都在抒发他心中的大河情结。本来书还没出来时，一本打着他名字的《霜天话语》就满街都是，不过印得再漂亮，缺了他这篇自序便少了不知多少分量。他说要以霜冷长河的图景为背景，来谈谈人生。似乎很严峻、理智、沉重。但是听他娓娓道来大河在他生命中的纠葛，又埋满了神秘、奇异的因缘。

起先说，"几年前，有一次我到北京一位朋友那里去玩，见到一位异人。他见到我，双目炯炯地逼视良久，便说：'这位先生，你从小是不是产生过一种遥远的记忆，在一条长长的大河边，坐了很多年，在你边上，还坐着一个人，相差大概只有十几步之遥？那人就是我。'"很好玩。

　　又说他果真从小就心中翻滚着一条从未见过的大河，"银亮亮，白茫茫，并不汹涌，也并不热闹，而且不止一条。这些河在哪里？为什么会如此神秘又如此长久地笼罩着我？"

　　后来到了黑龙江，"如此抽象的黑龙江，反倒特别接近我心中的河。难道，上辈子，我曾坐着狗拉雪橇行驶在冰封的黑龙江上？也许我在半道上冻僵了？刘邦厚先生说，冻僵的人脸上的表情是欢笑的，这又有点像了，要不然怎么总有不少人奇怪我，永远欢笑得不合时宜，连企图前来抢救我的人都吓了一跳？""那么，我上一辈子为什么会来到黑龙江？父辈们是戍边还是流放？江边是否还有家族遗留？"

　　最后转回来他写道："说到这里我后悔了，不该那么轻慢地对待北京的那位异人。他说我上辈子在河边坐了很多年，这是多好的机语，我怎能摇头？十步之外还有人坐着，陪伴着我，是不是他，不要紧，重要的是长河在流，我坐着。"

　　不管那霜冷长河有多重要的意义，我喜欢听他絮叨这种类似心灵"秘境"的感知之旅，并且由衷地相信他。

　　那次已从上戏毕业分配到北京青艺的刘半仙回校，可能住在我们楼下的三层男生宿舍，不知为什么，我们女生嗡嗡地都跑下去找他，乖乖坐在他面前，让他算命。这个刘半仙算命是面相与手相加心理三结合，能算过去，也能测未来。听说相当准。也不知为何他算命的名气那么响。

这之前我也是根本不认识刘半仙，因为平时对那些"装神弄鬼"的事有兴致，觉得好玩，也就跟着来了。虽然第一次见刘半仙，结果还是被他"算出"了过去，搞得我有点不太好意思。记得刘半仙试探我，说在沙漠里走，水壶一滴水都没了，你是背着水壶接着走，还是把水壶扔了。我想也没想，说扔掉。他说也许后面还有转机呢。我说它本来就是用来装水的，水都没有还指望它什么。刘半仙一脸坏笑，说你这家伙好狠心。

我更加急着要他"算"未来。现在都忘了我的未来是什么样儿，只隐隐记得好是好，但每件都得是自己去努力才能得到，总之不会有天上掉馅饼的事落到我头上。现在再想，可不是，一些事自己不去努力，还真不会有送上门来的，比如总想哪天能走在街上被人拣了去做老婆，那人还有点钱能养着我，让我免受上班之劳役，但他又不干涉我的大脑，能让我一辈子过"无法无天""想入非非"的日子，有那么一点点弗吉尼亚·伍尔夫的意思。可就俺这条件和脾气，天底下哪会有爱俺爱成那样的。真可谓心比天高，命比纸薄啊。

人家说，这个刘半仙挺神的，还给余秋雨算命呢，算得也挺准的。这就像现在的拿名人做广告，余秋雨一下也成了刘半仙的招牌，搞得那天我们几个傻乎乎的女研究生围住刘半仙，问东问西探讨了半天，愉快得不得了。

后来刘半仙算命的名气越来越大，据说还算到了香港。90年代初他也去了深圳，和余秋雨马兰玩得挺好，两家住得很近。

据说在上戏读书时，刘半仙给余秋雨算命，还拿小尺子量余秋雨的虎口来着，听起来待遇显然比我们的要高得多。男人算命与女人算命，关心的着重点好像也不一样，女人爱算所谓爱情，男人则偏重所谓事业。在上戏，连那些关于余秋雨未来的种种前景也都给传来传去，总之是前面一片耀眼啊，老余注定是要飞黄腾达让全国人民景仰爱戴的。那时刘半仙把余秋雨的事业算得那样了不得，仿佛唾手可得，余秋雨也并不排斥，由他去说。这种事情信则有不信则无，应该也算是一种良性的刺激、良性的循环。

若干年前的暑天，我背个大包游荡至江南六镇，几乎每到一个古镇，都与凤凰卫视《寻找失落的家园》摄制组相遇。那几天他们的一位副台长、著名的航拍专家赵群力先生不幸在浙江的楠溪江遇难，搞得我一见他们就想到有一个活生生的人从飞机上掉下来，心生悲怜。摄制组一位看上去游手好闲的家伙，大概看到我和同伴的行头装束不同别人，每次都要缠着打听我们是不是在搞社会调查。最后互递名片之际，我知道他是深圳人，张口便问他，你们去周庄没找刘半仙吗。这个叫阿诚的人大吃一惊，说你怎么知道我认识刘半仙！

我一笑，上戏的校友刘半仙在深圳工作一段时间后，后来在江苏昆山搞文化公司，但听说他在深圳有不少朋友，我也就那么一诈，就诈着了。

这个认识刘半仙的阿诚很喜欢聊天，对什么事都兴致勃勃的样子。

到冬天在北京，我跟余秋雨念叨世界真小，在古镇周庄时，一个叫阿诚的人在我边上打手机，刚好是给马兰的，好像在说你们去参加赵群力追悼会的事情。余老师听了，马上高兴起来，说阿诚啊，阿诚这个人很好玩的，他到处开茶馆，都是特别好的茶

我猜他喜欢奇异、缥缈甚
至幻象的体验与刺激

馆,然后总是约朋友去喝茶。你想想,请朋友去喝茶怎么挣得到钱。可他不管,还要贷款接着开茶馆,开得到处都是。下次去深圳,你也要去他开的茶馆喝茶。

我眼前马上出现古镇上阿诚四处找人闲聊天的样子,想起他说凤凰卫视的那部片子他也出了钱,不为别的,就想跟着出来到处逛逛。听起来仿佛一个活得随心又单纯的人。心想这些人都是余秋雨的朋友,经常要在深圳的某些地方喝酒、饮茶,一个圈套一个圈,真的就像余老师说的,他自己倒喜欢和文化圈之外的人交朋友。这倒有点像他的文章,越来越向外打开,越来越脱离他早先的业务领域、居住区域,是他的一个取向。

从"上海人"到"新新人类"

1988 年我们研究生二年级时，余秋雨写了散文《上海人》。

有一天走在路上，师妹幸灾乐祸跟我说，秋雨兄写了篇关于上海人的文章，你应该看看。

我问她他怎么写上海人的。

她说反正跟你平常的说法不一样，比如他把上海人的自私、冷漠说成是独立与自由，是宽容的另一种表现；上海人的精明、小气是因为他们智商太高，没处展现才转而在一些小事情上斤斤计较，算进算出；就连上海人的排外，也是他们"对自身智慧的悲剧性迷恋"；还有他们的崇洋媚外、不择手段要出国，是因为他们具有国际视野，具有国际性的文化追求。"还有好多，总之，你眼里的上海人的恶习到他那儿，都成优点、长处了，把上海人美化得不要太好哦。反正你自己去找了来看好了。"

我穿行在街上的上海人丛里，思路一边随着师妹的话迅速展开，一些火花一闪一闪飞过去，我说哎，这倒挺新鲜的，蛮有意思啊。

师妹不信，说也就是秋雨兄这么说你才这样，要换了别人你不要骂大街哦。

我说你胡说，我干什么要骂大街，再说我也没有说同意秋雨兄的观点，我是说他看问题的角度、提法蛮有意思的，至少在这之前没有人像他这样谈论过上海人，挺好。同一件事情看你选个什么样的角度看过去嘛，反正若要我来写一篇上海人，我是写不出他这样的新意来。

我接受的还是他想问题、表达问题的方式和方法。

那时师妹们都把纯正的上海话当做第二外语来学，一来上海本地同学就要大练口语。我在南京呆了六年，从来没有刻意学过南京话，但南京话也说得还可以，我经常跑到大街上和南京人民说南京话，很愉快地打成一片。但师妹们嘲笑我："这里是上海，你要搞搞清楚，上海人门槛老精咯，你敢上街说不地道的上海话，不要被人骂作'江北人'。"我一听大家这么当回事，干脆连听上海话都没了耐心。

在上海呆三年，一秒钟都不曾闪念过要留在上海。其实说心里话，我真是喜欢上海这个城市，但跟上海人一点处不来，总觉得自己在上海交不到朋友。你想想，一个人在一个城市没有一两个朋友，没有人和你一道胡说八道或者胡作非为，那还有什么意思。

师妹爱上海爱到爱屋及乌，脱胎换骨也要把自己打造成不似"江北人"的上海人。在她们眼里，像余秋雨、谢晋这样的都还算不上真正的上海人，得三代以上生活在上海才算得上，据说在她们的同学里，就有"有幸"嫁到这样人家的，当然也就顿时成了真正的上海人。

很多时候听到爱上海的同学议论诸如此类的事情，我总是知难而退，并且慢慢地就生出些反感。搞来搞去上海人就成了我心目中天底下最俗气的人。比如那时表演系一个叫盖莉莉的女孩儿和一位上海男生谈恋爱，她去买饭菜票，排在我前面，刚一转身，卖饭菜票的一边给我数钱一边议论她的恋情，最后还要很不屑地来上句"外地人啊！"好像就为这个，她便配不上那位上海男生了。

不过那时候，我也没有把余秋雨往上海人堆里放，听口音肯定是江、浙、沪一带的人，我也根本不知道我们的"师太""师爷"们就住在上海。毕业后在深圳见面，他说冬天上海冷，经常要接父母到深圳来住一些日子，我才知道余老师的父母也是上海人。不过照师妹们的算法，至少也得是"秋雨兄"的祖父母辈就在上海过日子，他才算得上是真正的上海人。真是搞得不要太复杂哦。

但他那样谈论上海人，我以为当时他对上海的感情太深，亲人和大多数朋友都在那个城市，下笔肯定不一样。而我对上海人的感情有一点复杂，小时候全家下放的村子里，就有几个上海知青，他们好像总在偷老俵的鸡吃，却不知怎么和我老爸玩得很好，也常带我和弟弟玩，我是很喜欢他们的。后来上中学，班里又有父母在三线厂工作的上海同学，他们一般是很傲的，只与我这样家庭和学习都说得过去的同学来往，我有幸去过上海同学的家里，还跟着去过他们父母在山里的工厂。我特别害怕又特别佩服的数学老师一家，也是从上海下放来的。有一个夏天，数学老师的女儿从上海来她父母家小住，被我们一帮乡下丫头惊为天人。还有我的爱臭美的母亲总爱托回家探亲的上海人带些衣服、围巾什么的，那都是足以叫小镇上的人们羡慕得要死的奢侈品了。总之小的时候上海人是可亲的，上海也曾是我向往的一座大城市。偏偏长大后真到了上海，却无端对上海人生出不少的反感。也许对上海人了解还太少。

一位在《解放日报》工作的博士生曾跟我说过他对上海人看法的改变。他是一位上海人嘴里真正的江北人，初留在上海工作时，不知对上海人有多厌恶，后来出去采访，尤其是接触到最底层的住在亭子间的上海人之后，他说他彻底改变了对上海人的看法。过去在他心里以为上海人是欺负和看不起他这样的外地人、江北人的，现在他开始以一种差不多是悲悯的胸怀去理解和谅解他身边的上海人，因为许多的上海人生活状态其实还非常的差，差得连他这个来自农村的孩子都要惊异。他们几辈子生活在上海，为这个城市的繁荣做出过贡献，但最终他们还是被挤在这座城市的小小角落里，几代同堂寄生在一间小小的亭子间里。正因为这样，他差不多认为他们是有理由痛恨和羞辱我们这些外来者的，因为是我们侵占了他们原本就小的地盘，也掠夺了他们几代人奋斗的成果。

他说他从此可以怀着平和的心态去接触上海人，一旦深入，上海人的可爱与质朴的一面，便也处处都是了。

我没有过他那样的体验，那时只是想，余秋雨和我这样的外来者不一样的，他还没有跳出来，不像我这样的"外地人"，和上海人有很大的距离，可以冷冷地看他们。

但我还是喜欢他那样看问题，他总是能够看到问题的反面。他的世界观总是积极向上的。

我不喜欢上海人，却可以喜欢余秋雨的《上海人》。

就像十几年以后我看到他一篇写新新人类的小文章，喜欢得不得了，比《上海人》还喜欢。因为这次不会再像上次那样，抱着对谈论的群体对象本来就有的排斥或偏见去读他的这篇东西。这让我能够更加清晰地看到他思考问题的方式和出发点。他还是那样，从非常积极甚至赞赏的角度，去看待新新人类们的特点，把他们品行中一些不被大多数人认同的方面，赋予现代的、甚至未来的人格意义，并上升为文化的一种类型，一下就把这样一群被人议论来议论去的、仿佛散兵游勇般的人流，整合成一支像模像样的、理直气壮的队伍。我一边看得津津有味，一边发出会心的一笑二笑三笑来。我仿佛看到一大堆的小新新人类中间，夹杂着一位"老"新新人类，正双手抱臂一脸无辜地看着我们这边儿，好像在说：我就这样，怎么着！

他是站在他们的立场上，是站在他们的里面说话的，而不是那样袖手旁观地立在外围无关痛痒地点评两下子。

这时我又想起了他的《上海人》，才意识到，没有完全跳出来的人其实是我这个不喜欢上海人的读者。你看我对新新人类不讨厌吧，读起他的议论他们的话来，就高兴得很。

我那时不喜欢上海人到了连所谓的"海派风格"也要攻击一下子的程度。我的一位酷爱上海的师妹去了一趟中央戏剧学院，回来问我对中戏的学生有什么印象，我说我喜欢他们的样子，挺好挺大气的，并且看上去都挺有才华的。可是师妹说，他们太土，长得不如我们上戏表演系的漂亮，穿得也不如我们表演系的洋气。我一听就要抬杠，我说你以为你这是在给我们上戏脸上贴金啊，你简直太不给我们上戏面子了，人家那才叫艺术家，叫个性。我就喜欢那样随意自然的，我们上戏的人是漂亮，可漂亮就是一切了？他们在上海呆久了，穿衣服都有那么点上海式的精致，爱在细节上下功夫，整体上缺少那么点儿"桀骜不驯"的艺术家气质。

结果自然是在一片"打倒马小痞"的声讨中，被宿舍众女将批了个狗血喷头。最后还搬出"秋雨兄"的"人格外化论"来镇压我。我说这根本就是两回事，他说的是总原则，我这已经细化到风格这一步了。最后说不过她们便做出刘胡兰的姿势，高呼"吾爱吾师，吾更爱真理！"

那时我们经常在宿舍搞辩论会，那种胡搅蛮缠东一榔头西一棒子，再夹带点人身攻击什么的，比现在电视上的"请问甲方辩友""请问乙方辩友"精彩有趣多了。

十几年后再回到上海，上海的感觉更加大气和国际化。我坐在出租车里飞驰在高架桥上，也再一次脱离开现实中的上海人，只来得及迷惑在这座城市的气氛里。

还有一丝悔意一闪而过。突然会想，做一个上海人难道真的那么容易失去自己的本真？如今国与国的差距都在缩小，何况城市之间人的气质做派。

坐船去浦东。去"新天地"。去新建的上海博物馆。进入透明的上海大剧院。在路边小店喝咖啡。随处吃西餐。小资也好，崇洋也罢，就是喜欢。有文化，也有享受，两样都进行得优雅、得体。不像北京，一切都愣头愣脑，咋咋呼呼，包括长安街上那些不可思议的戴着帽子的建筑。

对上海的感情，更加地复杂起来。

坐在浦东金茂大厦的半空中，底下游人如织。这里既没有商场，也没有山水风景，甚至见不到那些工作在高楼大厦里的人，人们看的是什么呢，那样一拨一拨地不间歇？原来都是来看高楼的。所有的人从仿旧的电车上下来后，就开始仰着头一座一座地望过去。

忘了问问余老师和马兰，那次被人请去在浦东的半空中住上一个星期是什么滋味。只记得他开玩笑说那一周太舒适了，有吃有住，什么也不用操心。可是我听人家说，夜晚在江这边工作的人们下班后就都要往江那边去，有坐地铁的，有坐轮渡的，所有人散尽后，这里会是一座空城。我想象夜静无声，自己留守在空无一人的浦东楼群里的情形，不禁毛骨悚然。好莱坞特技片里的情形出现，我怕这些林子一样的巨楼里会冒出许多非人类的生物，会把我劫到一个见不到人类的奇怪空间去。

我开始编一个中国版的《最后一班地铁》或《最后一班轮渡》。一对恋人（余秋雨和马兰?）没能赶上夜晚最后一班地铁或轮渡，他们不得不在巨楼林子里度过一夜。夜幕降临，那些白天隐藏起来的巨型生物一个个出来了，光是它们的影子就得有半座楼那么高。这对恋人在这些巨影的包围中慌不择路，小得像大拇指那样随时就要被吞没。而江的对岸，刚好灯火通明，城市夜生活正进入高潮。真是叫天天不灵，叫地地不应。

不见了上海人的浦东，又森严、清冷得吓人了。

有没有一种办法，既享受上海这座城市的氛围、风情，又不被它琐屑的人情世故消耗你的热情与信念?

就又想到了余秋雨。一年里他总有些日子停留在这个城市，居住在城市的上空写作，父母、家人、朋友、学生，他把什么都占了。

总是这样，他在前面，就像一个榜样，一面镜子。

向讲台上的余秋雨致敬

听余秋雨讲课和说话，最喜欢的还是他从不忽略当代，他喜欢关注当代。

直到现在，也经常在他的文章里看到他提起的某部影片某位西方作家的作品，正好就是我刚看或正在看的，心里马上多出几分认同。按说像他这么一位当代名人，多少会有点装饰掩映自我，但他不，他不回避自己也爱看电视，也看流行的畅销书，也知道影视明星，也议论许多男人女人爱议论的话题。他甚至也爱用三毛的歌词，那盘由齐豫演唱、三毛作词的磁带，是上戏时代被我来来回回听得要变调的。

那时，老师和学生，也总是看一样的戏、一样的电影，参与一样的艺术活动。刚刚才看过的作品，马上就会在他的课堂上得到交流，他总是很快地把自己的思考过程和结果传输给我们，又总有全新的发现和诠释，让我总能从中学习到思考问题和表达观点的方式。这是至关重要的。

在学术和思考中，他的姿势是平易、平和的，但经由他那里出来的又都是不同寻常、不同凡响的。我从未见他反对过任何人的观点，也从未见他重复过任何人，我觉得那才是真正的骄傲。

是我喜欢和欣赏的。

那时，我们全院师生每周要去南京路某条小巷的电影资料馆看两部电影，电影史上许多欧美优秀影片在那个时候得以见识到，真是一段好时光。就像我现在每周四要穿越大半个北京城，从方庄赶去小西天的电影资料馆看电影，仿佛期待了一个星期的一场盛宴，心甘情愿被电影的梦境所迷惑。这也算是那时养下的毛病。

当时我们的票都是从系里发下来的，老师和学生一人一张，谁的也少不了。每至那一天下午，全校师生倾巢而出，于是从上戏到静安寺去的那一条马路上，就会走过一拨又一拨俊男美女，大摇大摆的，自我感觉全都好得不得了，引得周围人群一阵眼亮。

像我这样的次次美女，一般都喜欢抄近道，穿过一个又一个的石库门，去坐公共汽车。

静安寺的一带有许多的石库门老房子。

在学院不远处还有一家老虎灶，每次学校锅炉出问题，我们就拎着水壶去老虎灶打水，五分钱一壶。还有那条街上临街人家开的小店，不知赚去我们多少零嘴钱。

那时我也搞不懂自己穿过的那些老房子就叫石库门，以为就是上海人嘴里的弄堂。

石库门里一条条的小短街总是干净的，每家的窗口都伸出长长的横跨小街上空的晒衣杆，天晴的日子总是晾满了衣服，有人把它们戏称为万国旗。人家的门都小小窄窄，边上晾着刷得一丝味儿都没有的马桶。一些老年人坐在自家门口，看着我们过去，有时会听到"小姑娘哪呢"的议论声，好像是在议论和肯定我们的穿着与相貌，她们并不反对我们这样的小姑娘从自家门口走过。

　　再去上海，已找不到太多的石库门老房子，拆得已经差不多了。香港人把一片片石库门老房子拆了，又按原样图纸、砖块号码重砌，既保住了石库门特色，又不影响里面的人享受现代化的物质生活。

　　那就是现在上海人又引以为傲的新去处——新天地。

　　后来我去上海拍旅游片，还一脸严肃地到即将拆除的石库门老房子里打探老上海的历史。

　　多数上海人住石库门住出了感情。

　　一个十几年前固有印象中的上海，与一个变化中的上海，开始同时出现在我这个上海的过客的感觉当中。

　　忍不住地就想多说说静安寺，毕竟那是最靠近上戏的一处老地方。静安寺的中心在我记忆中呈现出一个很开阔的十字路口，鲜有外地游人在这一带转悠，我还记得远远地与迎面走过来的余秋雨或别的老师们互相招呼时的情形。还有别人指着一座看起来不太起眼儿的旧式建筑告诉我，这就是上海滩有名的百乐门。我会一下想起那些人影绰绰的夜上海风情，想起白先勇的金大班，还有三四十年代赵丹、白杨他们的电影画面。

　　那时我们老是在这一带出没，晚上肚子饿了会走过来，坐在油灯下吃鸭血粉丝。白天的街面上时不时飘起一阵臭豆腐的味儿，还有糖炒栗子的甜腻。

　　在静安寺的大街上，我和本科的小女生被街面上一位优雅的上海女人吸引，她身上的那套衣服出众得让我们眼馋。一阵互相鼓励后，马上追上去，问人家这衣服是在哪儿买的。上海女人就那么淡淡地看我们一眼，淡淡回了一句"法国带回来咯"。

经常走过一段黄色、肃穆的围墙，幽幽静静，知道里面就是静安寺，却从来没有进去过。可能因为心理上的距离，那时只觉得它离市面有老大的一段路程，在街的深处。再去上海，出租车开到静安寺，街中心出现一片黄色，十分突兀。司机说那就是静安寺。我差不多要怀疑自己记错了地方。

每周都不少的观摩，也从静安寺出发。往往在那个特定的午后，一辆公交车上拉了一半的上戏学生。表演系的总不安分，亮着上海人怎么也蹦不出来的标准普通话，自我感觉总那么好得一塌糊涂。印象中上海人对操标准普通话和长得高大、漂亮的人倒都是客气敬畏的。

好玩的是，那时一些追赶时髦的上海市民到时也定会拥挤在南京路小巷的那家影院门口，等着购买高价票。我猜想他们或许把观摩外国电影，也当做学习西方生活方式的途径了。这是上海人积极向上、务实的表现。北京人不会这样，北京人会把自己搞成有文化有品位的样子，是另一种氛围。

我们也经常把多出来的票出高价卖给上海人，挣点零花钱。记得有次在校园里，余老师追着我问马小娟你还有没有多余的票子，系里以为我今天不来了，不知道把我的票发给谁了。我遗憾地告诉他，我手上也没有富余票。看他着急和遗憾的样子，我也不甘心说我不看了让给他看。想到他的那套票又不知叫什么人拿去卖高价了，害他今天老远地从龙华赶来，却有可能要扫兴而返了，心里免不了好笑。

那些电影，留下最深印象的有，前苏联的众多影片，褒格曼的作品，黑泽明的电影，西班牙电影。每次，余老师的课上都会有反应，不仅仅是艺术方面的讨论，他还会渗透进自己的生命体验，他的话总似一阵风吹过，一下就把浓雾吹散，让周围光亮、清晰起来。那时大脑和心境都年轻得不得了，真的像一块大大厚厚的海绵，能把周遭的一切吸纳进去，能被所有自己不曾领略的艺术风景打动得屏声静气，但自己知道，有些时候只是喜出望外，只是留下印象，却没有足够的能力去总结，去弹跳。课堂上余老师的话，像星星点灯。还记得他说《秋天的马拉松》，说《两个人的车站》，说《卡门》时的情形，那通常是些看到了那样的好片子之后，再次在课堂上见到他时，他要拿出来说叨几句的记忆。通常是因为那些刚刚才看过的片子，把我的思路从纯粹的书本与教室中引开，被他带往另一片天地。他的许多说法，让我学习到"看"与"想"的方式和方法。

相信这不只是我自己一相情愿的感觉，这是他作为一名优秀教师的追求、对自己的起码要求。许多次听到校园内外听过他讲课的人说，听他的讲座，总是茅塞顿开、一派原来如此的开阔。

他曾经也被请去我老家的那个省里讲学，回来后他写了《青云谱随想》。我家大院儿里一位老画家，20世纪50年代曾在上戏舞美系读书，平时总爱戏称与我是校友，那次听了余秋雨的讲学，暑假趁我回家，还专门跑到我家由衷地对我说，余秋雨那个家伙是个大才子，听他讲课就是一种享受，你做他的学生，真不得了。他这完全是一人得道，鸡犬升天的感觉了。

我甚至都不必知道他讲学的具体内容，就知道凭他的学识与修养，他能把任何一个严肃、艰涩的话题，深入浅出地娓娓道来，他要征服我家院儿里这些大大小小的艺术家、文化人，是肯定的。那是他的力量与魅力所在。他则把这作为检验一个文艺理论的布道者自我艺术感受、艺术修养高下的度量衡。

我知道大学里不少教师都是所谓满腹经纶，也有各种新潮概念统统烂熟于心的，但多是从理论到理论，鲜有自己的艺术与生命体验消融其中。没有活生生的范例来盘活一大堆的概念，所以他们大都也只能在大学的课堂里折磨那些青年学生，很少有能够走得出去、走向更广大的文化与文学群体的。在他们那里，看书就是钻研理论看大部头书，而之外的一切都是无聊时的消遣，根本不必也不会触及内心的。就像一扇大门，主人走出了房间，身后咣当一声，立刻物我两个世界，井水不犯河水。也算是本事了。

曾经有一位我的戏剧老师，在课堂上讲《原野》，分析那村姑金子的种种行径，全是反封建、追求自我解放一类说法，当然还有《雷雨》里的那些男男女女，更是这样那样一套套的。可是走在校园里，她跟我念叨她的儿子："考不起大学，躲在家里不务正业写什么小说，净写些谈情说爱不三不四的事情，还藏着掖着以为我不知道。"我当时真不敢相信，一个人的业务怎么可以和她的现实生活离得这么远？难道课堂上那些话，全都是不过脑子不入心的吗？

"这种脱离审美经验而条分缕析的理论，常常会把学生们折磨得非常可怜，渐渐地变成了贫于审美的理论奴隶。"

就是这样的。大学里我的许多搞文艺理论的同学从来就不屑看作品，论文里拿来做例子的，全是别的书上用来用去的，是经典例子了。而我这种到处乱看作品的，总被归入将来要搞创作的那一堆。

我相信对当代艺术和文学的关照，是余秋雨的思维总有新的血液流淌的重要原因。这也让他从不满足于停留一处，也让他总能一下就把听他课的人引入云开日出见青天的境地。

他跟我说过广东作家张欣有过一篇写他的文章，是写他写得最好的。后来我看到过一篇张欣写他的文章，看着看着我就忍不住要笑，因为这个可怜的张欣一边写她听余秋雨听课时的感觉，一边想起她在北京大学作家班读西方文艺理论课时的情形，她说她"几乎没听懂过一堂课"。真是笑死我了。

我完全明白她的遭遇，那些以理论再去解释理论的、来回来去说的车轱辘话，最后能把你转到彻底晕菜。尤其对张欣这样一位专事写作、偏重感性的女作家，你没有足够丰富的、开阔的阅读面，没有自己对作品、对生命的真切体验去盘活那一大团严肃无比的理论条条，注定是很难打动她，带动她的。

相比之下，我这个本可以踏踏实实听余老师三年讲授的弟子却常常逃课，不知珍惜，倒有点身在福中不知福了。

那时我的一位女友曾爱上她的一位同行。那位同行是搞俄国文学研究的，发表过几篇论文。她很在意他，她说他把自己搞得很苦，夫妻分居两地，妻子独自带着孩子，一心一意让他在大学里搞学问。

我听了马上嗤之以鼻，因为我想起了那位老兄的穷酸样儿，想到他坐定在自己的那口井里，学术的视野中除了托尔斯泰就是普希金，真正是"两耳不闻窗外事"。我说这种男人有什么可爱的，他搞外国文学，他知道马尔克斯吗？他读过博尔赫斯吗？就算他搞俄国文学吧，他连稍后一点的艾特玛托夫的作品都不读，他搞什么搞！他老婆也是活该，真要是拣到一位才子也罢，偏是这么一位。还有，你爱他什么呢，指望从他那里得到什么呢，精神上他请你吃馊菜，物质上他让你吃腌菜，无非就是他现在老婆的下场。

倒霉的女友被我说得灰头土脸，直骂我小小年纪如此世俗、刻薄。

我说我肯定这样做学问的人不会有什么大发展，看看我们秋雨兄，学着点！

女友更加沮丧，说，不是谁都有余秋雨那样的灵气的。

有时会想，这难道很难吗？一个人做所谓的学问，怎么可以投入成那样，一整个脑瓜里有九成以上的空间被作品目录、作品章节、时代背景、作家生平占满，而这些都是打作家一活着或者一死掉就客观存在的呀，并且绝大多数都是经年不变的，唯一可能变化的，是有人终其一生考证到这位作家某部作品的完成不在 1818 年，而在 1819 年！或者那位作家暗恋的不是他表妹，而是大他三天零四个小时的表姐！

我知道以我现在的岁数，不应该这样刻薄地去描述一些人的"生态"，所谓人各有志，你管人家，人家乐意。但是你作为"灵魂工程师"，我觉得以这样的方式对青年学生是不公平的。不知道别人怎么想，至少在我的求学生涯中，讲台上一些老师总是对着几年甚至十年都不变的讲义照本宣科的"治学"态度，完全败坏了我对"学问"的兴趣，让我在很长一段时期里，把"学问"和那样的形象连在一起，真个是吓着我了，也真个是毁了我的胃口。你为什么不能有更好点的方式、方法呈现给我，让我也有那么一点点好的开头，让我现在还能感激你一下？那是多么的不幸啊！所以逮着机会总想要攻击一下。

也总想要背着余秋雨老师，表示一下我的敬意和感激。真的，人在年轻的时候，骨子里的东西是本能地呈现出来的，如果不幸遇到一位方式、方法上相反的师长，很可能这个人整个的生命力都要给打击得塌掉了。而我实在是太幸运，不仅感觉到自己想要什么，而且还真把这样一位对路子的导师给找着了。余下的事，就是如何学着他的方式、方法，把原有的自己修正和扩张好。这种肯定的前提下的成长走势，让人高扬欲飞，无比自信和不被压制。

20 世纪 80 年代中后期的上海戏剧学院，各种艺术活动还是不少的，导师们精心为我们设置和争取所有的项目，合力要把我们拉出书斋，推向当前。

不逃学的日子赶上并且印象深刻的有——

观看了莎士比亚戏剧节上所有的演出，刚好多数的演出都安排在上戏实验剧场。那些日子几乎每晚都有演出，许多早就熟读过的莎翁剧本中的人物和声音，一下鲜活在了舞台上。每天都是一次期盼。记得一位导演系的女孩对我说，真好，学校就像在过节。

就是那样的感觉，有好戏看的日子像在过节。那样的氛围令我无比怀念上戏。

那段日子又翻出余秋雨要求我们必读的《莎士比亚戏剧评论汇编》，再读，再次加入进自己的审美经验，收获巨大。对于西方人怎样评论一出戏剧，尤其怎样用一双后来人的眼睛，去研究几百年前的莎翁剧作，真是让我折服之余又有了嫉妒，觉得人家搞莎翁研究都搞成这样，中国人还搞什么搞呢。

那样的文艺评论才真正是我喜欢的，像一百年前的英国学者

昆西的那篇 "《麦克白》的敲门声"。麦克白与麦克白夫人借助黑夜在城堡里杀人夺权后，城堡里突然响起清脆的敲门声。这敲门声，把麦克白两口子吓得惊恐万状，也把历来观看此剧的观众搞得心惊肉跳。为什么？这事儿让昆西想了好多年，最终找到了原因：清晨敲门，是正常生活的象征，它足以反衬出黑夜中魔性和兽性的可怖，它又宣布着一种合乎人性的日常生活有待于重建，而正是这种反差让人由衷震撼。

还有许多，几乎每一篇都有让我要跳将起来的 "新" 发现，记得那是唯一一次我做摘录最多的读书经历，总是撞到那些放不下的说法与结论，恨不能整段、整篇文章都摘抄下来。那么多好文章归放在一起让我来自学，有一次就已经很幸福了。

后来还在余秋雨的一篇文章里，也读到他议论 "麦克白的敲门声" 的文字，那是相同的阅读经验了。

可惜那两大本给过我那么多快感与幸福的书，也在毕业离开上海时被我当废品卖掉了。我后来找了很久，再找不回来了，想想都要跺脚。

我们看了那一时期上海人艺的所有话剧演出，而他们又总是上演欧美优秀剧目，大开了眼界。那时奚美娟、焦晃、野芒这些人在上海的话剧舞台上个个都是叱咤风云的人物，现在大多数人要从电剧上才能领教到他们的演技。

最记得看上海人艺演出的张晓风的诗剧《自烹》《桃花源记》，惊叹陌生的台湾还有那么一位 "腕挟风雷，出古入今" 的 "大" 女人。害得我好几年里一直在托人从台湾捎点张晓风的剧本回来，心里也曾起过 "宏愿"：要写就写张晓风这样的话剧。还因为这个张晓风，我还想着研究研究台湾那边的戏剧的，可惜那时就连上海戏剧学院这样的戏剧高等学府，也鲜有这方面的资料。后来一直也没能得到张晓风的剧作选本，直到90年代，在书店看到一本作家社出的《晓风吹起》，是她的散文随笔选本，巴巴地买了来，想找点蛛丝马迹。

很多人都以为港台那地方出不了什么大作家，尤其是出大气的女作家，而在我的阅读经验里，剧作家张晓风和电影剧作家李碧华，就是挺大气的两位女性作家。香港的李碧华，她的电影《胭脂扣》《秦俑》《霸王别姬》《诱僧》《青蛇》，与张晓风的剧作一样，都是大气而极有现代意识的，我一直都在留意。她们都是非常有力地闯入一段古代生活，但绝对不会是"去而忘返"，一去不回。她们最擅长把现代观念深埋进作品的大结构中、人物关系的编排上，是那种"润物细无声"的从容，真正是"出古入今"，并且还"不著一字尽得风流"。反倒是观众这边，爱看故事的尽可以津津有味去看故事，而爱琢磨点事儿的，立刻两眼发亮，如醍醐灌顶。完全可以两不耽误。

相对于另一些大叫大喊的作家，我更喜欢这种自自然然、融会贯通的创作姿态。我一直都想把她们作为自己创作的追求目标。

魏明伦的《潘金莲》，也是在学院实验剧场看的，他对潘金莲的重新定位，在当时可是件了不得的大事，恨不得引起轩然大波。后来知道余秋雨老师还专门有言行援助过他。不过对于年轻的、不谙世事的我，并没有意识到个中的种种背景与艰难有多么了不得，只是觉得：呀，这个人想到了这一点，他还写出来一出戏，他很聪明，他是第一个吃螃蟹的人。

印象最深的一次外国戏剧艺术交流，是澳大利亚艺术家演出的《蝴蝶夫人》，记得他们处理巧巧桑杀子的情景，他们让巧巧桑一边歌唱着抒发情绪，一边把一只小孩人形木偶拆卸掉，先是揪下它的胳膊、腿，再揪下头，且唱且揪，直至整个木偶解除。那样的感觉，不是让你流串眼泪什么的，是叫你的心一下一下地刺痛。

其中的震撼，把我嫉妒坏了，在当时中国戏剧形式花样百出的招数里，我还没有见识过如此具有表现力的——后者总是形式大于内容，两张皮扯来扯去的，总也合不到一块儿去，把自己和观众弄得累死了。

从没间断过看学院表演系学生排演的各种大戏小戏，总是吃过晚饭，趿着双拖鞋，就晃悠进红楼或是实验剧场，用挑剔的目光，看表演系那帮家伙入戏入得怎么样。印象中上戏倒是很少排中国戏，大多是外国优秀剧目，总能让学生把才华与天赋发挥到淋漓尽致。现在看尤勇在电视里演的那些粗汉子，比不上他舞台上魅力的十分之一。最看重的是萨日娜和潘军，好像天生为舞台而生，可惜他们毕业后杳无音信。萨日娜倒是演过一个种树的电视剧，非常地投入和到位，即使这样，也再没见过她有更多表现自己舞台才华的机会——还好，2009 年后，她开始在电视荧屏上大放光彩。潘军演的一个电视剧，更是把他当小孩了。后来活跃点的郭东临，留下的印象只是我们背地里管他叫"郭胖子"。陈红被认作是小林青霞，刚刚学会在电话里跟导演讨价还价；马晓晴见人就问是不是感觉她最近瘦了点儿。

甚至有表演系进修生听说我在大学里演过话剧，要约我一道排戏，急得我乱摆手，我说我普通话都说不利落，哪敢和你搞表演的同台，我演方言话剧差不多。

有一段时间在心里其实很羡慕表演系的学生，至少还有那么多的世界一流剧作可以让他们去投入地体验一番。看他们在舞台上的状态，如痴如醉，好让我艳羡，还有嫉妒。我以为他们完全可以在演戏的幌子下，把自我宣泄得一干二净，把自己调理得十二分的通透。只是多年后才醒悟得到，他们也会有他们的迷惘和失落吧，离开了学校这块纯净的艺术土壤，发配前往各处的话剧团、文研所，不要说没有好戏可演，就是连排一出戏也不知多久才有一回。那样的日子里，想起上戏的舞台和老师们的庇护，肯定要掉眼泪的。

一位邀我一起写剧本的表演系学生，有点白俄血统，长得不中不洋，用那时的话说叫"奶油小生"。我们在一起时他总要大骂外面的导演，因为他们只给那些长相粗糙的同窗演戏出镜的机会，他说有些长得粗的人其实心细如针，性格也极柔弱，内在根本就没什么狗屁硬汉气质，可人家天生就长那么张脸，就老能有戏演。现在也是拉开了距离看，一个时代有一个时代的时髦，甚至流行的脸蛋，我们的身边其实到处都潜伏着一些优秀的人才，不要因为未被他的时代认可，就看低了他。而另一些喧哗一时的人与事，也不必盲从和迷信。风云际会，一切都只是瞬时的不期而遇。

还有就是三毛从台湾来了，住在张乐平先生家。有人在校园里问我，三毛来了，你不去张乐平家看看她吗。我说我干嘛要去看她。我那时心里还是蛮喜欢她的，在南大读书时，所有人都不知三毛是个什么怪物时，我是第一个在南大书架上发现她的，一下就迷得不得了，到处跟人说三毛和她的荷西。但这次她跑来一口一个要认张乐平做爸爸什么的，被媒体弄得一惊一乍，我就不喜欢了，觉得这不是我喜欢的那个三毛。两年后她自杀了，我又后悔那次没去看她。一个那么热闹的人突然就去自杀，肯定不是我以为的那么简单。谁知道呢。女人本来是很容易成为朋友的。

那年张艺谋携刚完成的《红高粱》去西柏林参赛，途经上海，特意在上戏实验剧场首映。那时全国人民都还不知张艺谋何许人也。我们因为看过他的《一个和八个》，知道他特牛。

电影里还有我们上戏的一个学生，他混在一堆抬轿子的汉子中出现，剧场里立刻就鼓掌欢呼起来，还有人狂吹口哨，为上戏加油。

《红高粱》放完，大家疯得巴掌都拍疼了。张艺谋披件军大衣，站在台上粗声粗气地说：我们的片子拍得很糙。大家也都粗着嗓子跟他学：很糙。散场后交流，会议室的窗台上都塞满了人，张艺谋一下就成了上戏学生眼里的大师，校园里成天都是"妹妹你大胆地往前走"、"上下通气不用愁"。

还有一阵不知怎么回事，学校剧场里每晚都在演各种戏曲折子戏，我吃过晚饭就会晃到剧场去。那些唱腔，突然就触动了我，有时汨汨地从心尖上滑过去，有时又像要把我的心喊出来，好舒服。我差一点就掉了进去。但是戏曲的内容我不喜欢，满处都是糟粕。到后来我不允许自己再去听戏，我怕被它麻醉了。

那时对戏曲有点又爱又怕的意思，好多回都是在快要沉迷的时刻撒腿后撤的。戏曲对于我，就只是适合远眺一下的风景而已。

只要有要求，余秋雨也会介绍他的学生去跟剧组。我们有一位学友就在余老师的推荐下进了《红楼梦》剧组，但是那个时候大家都还年轻气盛，又缺少应对方方面面的经验，没多久就又见那位学友打道回府转来。没有多问，只是听人说和剧组的人处不来，看不太上人家的那一套，自己不想呆了。

其实余秋雨是很希望我们多出去参与艺术实践，积累阅读与观摩之外的艺术经验的，但是大家还是没能迅速适应，一方面毕竟还是学生，不可能采取那样强有力的行动去影响一个剧组接受你的见解与想法，另一方面可能也缺少艺术实践的积累，缺少把观念或者思考转化为戏剧结构的能力。像我们毕业后，余老师与安徽黄梅剧院合作完成的黄梅戏《红楼梦》，他是以艺术顾问的身份参与进去的，整个的剧作与演出在很大程度上体现了他的"红楼情结"与戏剧追求，那是一种很投入的、像孕育一个自己的孩子那样的创造与实践，是我们这帮学生要在未来的十年、二十年才可能争取得到的机会。

对我们那位学友的行为，他也并没有任何责怪或是不悦，熟知一切的他，当然也猜得到自己学生在外面会碰到些什么样的情形，回来就回来了吧，没关系的。下次谁还想去，他还一样介绍去。他只是鼓励、支持大家向外打开，并不过多干涉细节与结果。

二年级的暑假，余秋雨老师安排我们这批研究生前往敦煌朝圣。之前余老师先去敦煌，那年夏天我们随尾而去，他请好的专家和权威人士在等着给我们介绍敦煌的历史与艺术成就。借着导师的庇荫，我们得以看到莫高窟壁画的全部，讲解员一边打开几扇难得打开的洞门，一边强调"这是专家才看得到的，普通游人想都别想"。那时最让我想不通的是，外国人能看到的洞更少，比普通游人的还少，是最低级别。

从莫高窟出来，我们在沙漠里疯玩到深更半夜，临了饿得不行，放风的放风，盯梢的盯梢，潜入驻地食堂偷了几个大馒头分吃。第二天听专家介绍时我又困又累，一直都在打瞌睡，完全不知所云。我猜别的学友比我也好不到哪里去。我们这帮徒弟，也不知是不是给余秋雨丢脸来着。

我只是被鸣沙山绵延的沙漠蛊惑住，时空错乱。后来跟余老师说起在沙漠里的恍惚与迷失，他喜欢得不得了。但是对敦煌艺术的感觉和与余老师的对话，却还是要等到十几年以后才会到来。

而余秋雨老师，敦煌之行后，写了著名的《道士塔》《莫高窟》。

现在想想，三年里上戏的环境和导师们的护卫，曾有那么多的艺术活动与实践机会，为我们打开着一扇大门，我也只是站在门口，让风吹拂了一下我的脸，扬起了几根刘海的发丝，却没有抬起腿来跨进去。只是止于大门之前。

再给我一次机会呢？

有人说怎么样经历都是一种经历。我也自我安慰，怎么样做学生都是余秋雨的学生，我从他那里学到了主要的，别的都不重要。

写作让他有了非常严重的责任感

20 世纪 90 年代中期，余秋雨的形象开始更多地出现在电视屏幕上，越来越多的人看到他。有知道我们师生关系的，总忘不了说一声，那天在电视里见到你的老师了。

开始的时候，我很不高兴。当时我正在闭门看书和写作，大多时候坐在地毯上面发呆，完全把自己封闭了起来。我一相情愿以为自己被人"养"了起来，可以逃班，可以不怕扣工钱，不必穿最好的不必吃最好的，只要有书读有字写就好。余老师在电话里问你怎么总不在家，你在干什么。我告诉他我一直都在家，只是不想接电话，不想让单位找到我。他会关心地问我你很忙吗。我嘻嘻哈哈说根本不忙，我正在发呆呢。他便在电话里笑起来，哦，马小娟正在发呆啊。

我总把这当做再一次的理解和容忍。

你的小说我都看了，他说，总是让人兴奋，写得很不老实，还有点黄，但是很明朗，很干净，不过它们总像是一幅幅很好的油画，却没有上框子。他说。

我马上嘻嘻笑。我把一大堆发不出去的小说寄给他，大言不惭地在信里告诉他，没人肯发表这些小说，给他看也根本不是想要他干什么的，就是想让他看，看看我写的小说。

他说我的小说没上框儿，我竟越发地得意，因为我房间的地上刚好就随意立着几幅朋友画的油画，又刚好是没上框儿的。我就喜欢这感觉。我受不了给它们套上框框再装模作样高挂在墙上。

我才不需要上什么框儿，小说发不发表无所谓，反正我写了，发泄了高兴了就行了。发表不了不就是少两个稿费嘛，我有工资我又不缺钱花。

那时年轻就那么牛，总是不听任何建议，不做丝毫改进。许多时光在牛气哄哄中滑过。

这时刚好又看见余老师在电视里，再也不穿牛仔裤了。我对自己说，我不喜欢他穿西服。我只记得他穿牛仔裤时的样子，有一点点胖，但是很自然很亲切。

以后见到余老师，他说很多人反感我上电视，太好玩了。他说电视是我的专业，我为什么要回避电视？还有一些自称很少看电视的教授，也说总在电视里看见我。他好笑地说，他们都不看电视怎么还能在电视里看见我？那看来他们也还是不能完全拒绝电视的了。

我陪着他笑，因为这次是我从中牵线，让我的熟人把他请去上电视的。我已经能够轻松地告诉他，出来的效果哪些话说得好玩，哪些地方处理得不够好玩。我已经接受了他上电视的事情，并且我自己也搞上了电视，偶尔做做电视节目的策划兼撰稿，有了多重身份的生存方式。

写作让他有了非常严重的
责任感

诗人邹静之因为写了一系列收视率极高的乾隆戏，不被他的一些朋友理解，他在接受记者的采访时说，很多事情根本说不清。

可能和别的人反感余秋雨出镜不一样吧，我曾经不喜欢他上电视是因为我是他的学生，长期以来习惯了与他在学术的氛围里交流，习惯了听他那些融入了思索和生命体验的见解，而在电视上，面对的是普通的观众，肯定会有措词、分寸上的低就，这就让我很不高兴。

这之前我陶醉在自己的清高里，不屑于与普通人交流，整个人是青涩的。我每天埋头干工作，仿佛一名熟练工种，只在脑子里对自己说话，只盼着干完活儿立即飞回到自己的小屋里，接着发呆，自以为什么小隐隐于林、中隐隐于市，我还大隐隐于"朝"了呢。

我挺生气余秋雨干嘛要把自己抛向大众，他们懂什么呀。觉得真正的天才和思想者，就应该永远孤独和傲慢。

连余老师都不知道，有一段时间我在感情上有些疏远他，我有点生气。我不能容忍我的导师一下成了许多人的导师。

多么狭隘和幼稚。

以后的理解与释然，要来自自身的成熟、年龄与阅历的增量。还有反观余老师一向对我的放任和宽容，我学会了平和地去看待和理解周围的许多人与事。

总是听到他话里流露出来的对他的读者的感激，那样真诚，自然，从来都不矫情。

读者喜欢他的文章，他不仅高兴，而且觉得荣幸，总忘不了及时表达他的谢意。见面的时候我会说起认识的谁谁谁是他的崇拜者，谁谁谁案子破得很棒同时也很爱读他的书，他总是会一连说上好几声"谢谢，谢谢"，还说下次有机会要一起来喝茶聊天。他喜欢和他的读者交朋友。

许多人给他写信，许多人支持他，他们对他的爱戴与信任，有时会让他感到自己的事情已经不是一个人的事情，而是和他的读者相关联的事情，如果一味地沉默，反会变成一种对他的读者的不负责任，一种欺骗。有一阵有人极不负责地到处传扬他几十年前的历史，他问我，小娟，你说我要不要跟他们打官司。我还是那么不屑，说，打官司那是看得起对方，沉默应该是最大的蔑视。他说好，那我就不理他们了。可谣言仍在流传，以至于他的许多读者也开始将信将疑，他们给他写信，说即使那些事情是真的，他们也一样地喜欢他，热爱他的书。他苦笑说，你看这些读者真的是太可爱，太友好了，他们因为喜欢我的文章，竟然都情愿原谅我根本没做过的事情！

从他身上我感受到写作并非私人的事情，一个书写者拥有读者是幸福的，不孤立的。作者与读者相互间的交流与信任，是一条真实的纽带，不仅令人愉快充实，而且会产生非常严重的责任感。

因为有这样的情感交流，我相信他在镜头前的发言就是真诚和平实的，不会空洞苍白，不会"目中无人"。因为他是在真实地与他的数万读者交流，他从书里出来，现在是在电视上，和他们谈话。他和他们已经很熟悉了，都老朋友了，就好像面对面在聊天，所以他在镜头前总是那样自然和亲切，从容与平等。"我的读者"，他总是带着温情和友好，这样称呼那些人群中的无数支持者。他非常珍惜他们，他们给他的任何一点热情和支持，都让他开心，叫他津津乐道和难以放下。

"我在你们北京打的，被司机认出来了，坚决不收我的钱，真
是很开心的。"

"我在机场书店，人家向我推销要不要买这本，这是余秋雨的
新书。我说我就是余秋雨！那个情形真是很好玩很开心的。"

"我的读者有好几十万，我每天收到的信多得不得了，有的读
者什么事情都愿意跟我说。"

"远行毕竟孤独，便写下一些文字来与远近读者沟通。"

"感受可以咽下，隐忧应该吐出，吐给谁听呢？那两个空间暂
时还不会在意一个中国旅行者的想法，那就只能给我们自己人
说说。"

他的读者遍及各个领域、各个阶层，他也乐意与各种各样的
人们交朋友，他谈论他们，称颂他们，从他们那里看到存在的真
实与意义。

我去宾馆找他，北京那天的天气突然像发神经一样，才四月
就热得毛衣都多余，我一手抓着脖子上的高领毛衣，想要让自己
凉快一点，一边去敲余老师的门。他打开门，问我外面是不是很
热，正犹豫着不知穿什么衣服好。我笑说真不得了，我打电话进
来，接线员非问我找谁，我说要找余先生还不行，还要说找余秋
雨，才给我接通。他自己也笑。

我们一起去机场，我坚持要送他。他推着带轮子有弹杆的那
种旅行包，一脸轻松省力的样子，说他经常这样跑，根本不用送。
路上他高兴地告诉我，他的一位台湾朋友来北京办报纸，他在台
湾的媒体干得很有业绩，但他突然跑到北京来，白手起家，要和

北京的同行竞争，办一份领军京城报业的新报纸。这位朋友现在正处在新报的策划当中，一开始就准备请一帮有实力和业绩的文化精英上他的版面，相信北京人很快就会看这份报纸了。我听他的语气，他对这位勇于向自我挑战的朋友很是激赏。每次说到自己的朋友、熟人又要干一件什么事情时，他都是这样诚心诚意地传达着他的支持。就像我每对他说起自己又在做什么电视选题时一样，他从未有过泼冷水的时候。

他爱对我说，从大大小小的老板到白领，到农贸市场里卖菜的小商小贩，他们是现在中国最了不起、最有希望的人群，因为他们都是在用自己的劳动，在从事着一件非常具体的、实实在在的工作，他们不内耗生事，不因无聊恶意伤人，因此他们是最值得去尊重的。

他对那些饱食终日无所事事，偏偏还打着所谓文化之类幌子的人与事，极为厌恶。

越来越发现，他有意要进入一种现在"中国式文化团体"的自我放逐状态中。离开了团体，背弃了圈子，他离他的读者、普通人更近了。

那次我又打马兰手机要找余老师，马兰说自己正在外地，在车上，叮嘱我下午以后再给余老师打电话。我老实等到下午拨通余老师的电话。当时过几天就是春节了，余老师告诉我马兰跑到河南的一个什么地方演出去了。他说告诉你都不相信，那边根本不认识的人打电话过来，说我们这里很穷，也没有演出费给你们，可是我们的工人就是想听听马兰唱歌，想看看马兰。结果搞得马兰反倒不好意思推辞，颠颠地跑去了河南，刚才大概正在去"底下"的路上。

我一听心里就好笑，他们真是太相信陌生人了。打电话的河南人也够实在，几句大实话感动了马兰，也感动了余秋雨。对于需要帮助的人群，他们总是亲切随意的。

"一个不是我们所求的朋友，
才是真正的朋友"

　　总是听他说起在各地发生的与文化、艺术圈之外的人们之间的友情的故事，明白他是发自内心的。

　　人们读他的《文化苦旅》《山居笔记》，读他的《千年一叹》《行者无疆》，人们也读他的《霜冷长河》。许多人为他笔端下对文化与文明的追溯、探寻与叩问倾倒，我还听说许多大学生把他的《霜冷长河》当做阐释人生话题的样本在阅读。

　　人们容易忽略他作为一个社会人的日常情状。

　　因为离得近，我能够从《霜冷长河》里读出现实生活中喜怒哀乐着的余秋雨，那些情绪和心得，不必再贴附于遥远的时空当中，都是自自然然的流露。尤其看他絮叨平日里外出遇到的热心朋友和读者，就知道这些对他的珍贵和重要。

　　读《霜冷长河》的时候，正好是余秋雨编剧、马兰主演的黄梅戏《秋千架》在首都长安剧院演出的那几天。

　　那天一场突然而至的夏雨洗刷了长安街，灰蒙蒙的北京城终于通透、明快许多，整个傍晚都像是延时不少，明亮亮的。我穿了臭美的衣服，从出租车里爬出来，走进花店，我愉快地告诉店主人，今天要送花给我的老师，很重要的。

我带了几位熟人去看戏，最后还"勇敢地"上台把那束花献给了马兰。回到家里余老师和马兰给我打电话，马兰在电话里直笑我。

人家献花都是从舞台侧面的小梯子上去的，观众看得见，演员也看得见。我不管，我钻到后台，等在那儿，好不容易等马兰唱完最后一句从热烈的掌声中直起腰抬起头来，我一脚就冲到台上，直不咙咚把一束花捅到她跟前，把她吓了一大跳。马兰说我都奇怪你是怎么到台上来的。

我自己也觉得好笑，长这么大，还是头一回干这样的事，完全不知道该怎么表达对他们的支持。和我一起去看演出的朋友也笑我：这个余秋雨也是倒霉，怎么会有你这么个二百五学生。

余老师说这有什么，像姜丰她们好多女孩子都是大大方方走上台去给马兰献花的。

我看的已经是最后一场。捧着那束雨后的鲜花冲进剧院前厅时，余老师早被一大堆人围在中间，有观众，也有记者，他们的声音都很小，有点交头接耳的意思，这让整个演出大厅既有交流沟通的空气流动，又不至于太喧闹乃至嘈杂。大家都有所克制，把握得也都有分寸。我笑眯眯地站在旁边，轮不到我插话，我耐心地等着。不过镜头扫过来，手捧鲜花的我成了余老师身后的背景。

我还看到许多花篮，都是他们俩各界的朋友们送的，预祝和祝贺演出的成功。我还看到了我熟悉和认识的一些人送的花篮，心里很感动。

那些天京城里关注余秋雨的人都有所期待，许多人还记得前些年他和马兰作为主创人员参加《红楼梦》在北京演出时的盛况。

这天"北青报"上登了一整版对余秋雨和马兰的专访，我看了，记得里面有一段话，说《秋千架》里那位冒名顶考的古代女孩子成天在自家院里的秋千上荡来荡去，围墙外面是纷繁的世界，还有每年赶考路过的考生。女孩的秋千有时会荡得高出围墙，荡过了男女界线，荡过了功名得失。心里很喜欢。这是特有的余秋雨的表达方式，一个很形象的载体秋千架，加上一个很直接的动作荡秋千，但是一下子他就能把它们转换为理性与人文化的话题，赋予它更加深刻的内涵。我喜欢这种形式即是内容的艺术作品。

我在电话里对他说，我还自己去买过票，结果好几天的都卖完了，差点就看不上了。

那是真的，新的长安剧场落成后，我只去看过一场姜文演出的话剧。在上戏读书时看惯了不要钱的演出，真要自己掏钱买票看戏有点太像观众，找不到当年那种观摩切磋的感觉。那次也算是给姜文面子，约女友一道来看戏，一人掏票钱，另一人掏饭钱，把一个戏剧之夜过得充实又愉快。这次更因为是余老师和马兰的缘故，又如法炮制，约来一位女友，说好也是一人出一份钱，可到售票处一看，说是几天的票全卖光了。只在大厅里看到几张马兰的大幅剧照。既然是乘兴而来，就不能扫兴而归了，我们干脆一头扎进剧场西餐厅，大吃一通，不仅把该掏的饭钱吃了，还贴上了买票的钱。

余秋雨说朋友太多，他的，马兰的，多得不得了，好多人都跟他们要票，结果好多票都让他们自己给拿去送人了。

原来这样。我心想，这样怎么挣得到钱呀。我听说这是他们自己出资排的戏，本来还想来买票做点贡献的，结果倒又白蹭了几张票。

他说他忘了送我一本新出的《霜冷长河》，我说我已经买了一本，正读着。他又开始在电话里说"谢谢"，问我读到哪儿了。我拿起随手俯卧在地毯上的《霜冷长河》，告诉他正在看"嫉妒"那部分。

现在闭上眼睛随便地一想，其实在这本书里，最让我印象深刻的，就是他对友情、对友谊的感悟与表述。那些感悟与表述，不仅体现在其中专门的一个章节里，更是贯穿在整本书里，也即是贯穿在他日常的现实生活里。你看他笔下的师长、同学，上海人，远方的船长，近处的学生，哪怕是深夜小吃摊前的一次对话，都无不笼罩在友爱与温善的气息里。更何况那些专门来议论友情的话语，失望与寂寞，都显出他对于真正友情的苦苦追索。

他从没跟我谈起过，但我隐约感到他曾被友情伤害过。

也许文人多相轻，也许还有更复杂或无聊的因素交杂其中，当十几年后再与他交谈时，我发现个别他早年的朋友或同行已被排除在他的生活之外，早已互不往来了。想到在上海最后一次和他谈天，他曾那样由衷地向我讲述他那些朋友们的逸事，真替他伤感。

这是一个非常在意和看重友情的人，到现在也常听他说到某位熟悉的人时总爱加一句"他是我很好的一位朋友"，但关键时候他又总是那样苛求和认真。听他说曾给一位早年要好的友人写过绝交信，因为那人严重伤害了另一位他所尊重的老人，他要求那人公开向老人致歉，否则就从此断交。

我想起《世说新语》里说的管宁、华歆二人曾同席读书，门口有香车华盖经过，管宁照旧读书，华歆却忍不住跑出去看热闹。管宁一生气，割席分坐，不再认华歆为自己的朋友。所以后世一直都把"管宁割席"比喻为朋友绝交。以现代的眼光看，那位管宁实在是有点迂得可爱。在我眼里，余秋雨那样郑重其事、清清楚楚非要用书信的方式来表示他的绝交意愿，也颇有些古代男人割席分坐的憨实与决绝。

记得有次我跟他告状说有人违背我的意愿出书，我被一些琐屑伎俩气得鸡飞狗跳的，又没有"对敌经验"去应对人家，只会一个劲叫这书别出了。但最后书还是出来了，我一见就一把把它扫落在地上。当时他笑我，说第一个举止是对的，是马小娟的风格，扫落在地就大可不必，动作太大。我说我气坏了，关键是自己还说不清道不明，闷气得很。

其实他说我时很客观，但轮到自己也一样会有说一不二、绝不退让的时候。

我感觉这些年他不仅决意要走出书斋，他也同样不让自己苟同文坛浊事，决意要冲出那一道相互欣赏的关系网、小圈子。

而一旦出来，便看得更明了。

有次一位熟人跟我唠叨，说余秋雨在一篇文章里提到他与一位什么官方人士间的交往。仿佛这样他就有了攀附的嫌疑。我笑起来，说你这是小人之心啊，你光看到他写自己与官员的来往，他还写了那么多与劳动人民之间的交往，你怎么就看不见呢，你自己心态不对头吧。

都是读者，都有交流，管他当官的做工的，人家能够认可你，就都是你的荣耀，你的拥趸，你应该心怀感激好好地待他们，还

138 "一个不是我们所求的朋友，才是真正的朋友"

分什么阶层、地位。

那次我跟他絮叨，家里的新房子正在装修，好多琐碎的事，要跟人家讨价还价，还要监工，我好烦。昨天那位外地工头还被北京人打了，他们求我去派出所报案，找公安，我答应他们给派出所打个电话，但又觉得莫名其妙，不想跟这些事情挨边。

他从车的前座回转身来看我，说你真的烦吗，不应该烦的。你一开始就抱定自己要装修，他们是来给你装修的，一下就把双方的关系明确得不得了。那么他们当然也就把自己当做是给你装修的，那么所有该来的事也就都来了。应该有更好更愉快的方式处理这种主雇关系。至于工头被打的事，不是打电话，而是你自己要去派出所，要跟你们的民警接触起来，这才是你的风格，并且这样近距离的接触，一定会很有趣很好玩的，你还会和他们交上朋友。

别人的话我听不进去，但他的话我马上听进去了，觉得他说得很对，我在处理这些很实际的问题时总是不那么得心应手，被动得很，可能真是想问题的方法不对。结果真去了派出所，不仅帮助工头解除了后顾之忧，惩罚了无理欺负他的北京人，还和父母一起，请装修队所有的人在饭馆吃了一顿饭。花的钱并不多，但来自江苏南通的工头和工人一直在说，我们在北京十几年，这还是第一次有东家请我们吃饭。他们的表情，反让我不好意思。那时候双方的交流，真正是普通人之间的真情流露，感觉非常自然，非常舒服，既给别人带来了愉快，也让自己情绪好极了，不好吗？

他很善于与各界各种普通和不普通的人交结，最近我也一直努力想要模仿他这一点。我太顽固不愿改变自己，家人呵斥过好多回都不管用，拿余老师来做榜样，相信会过渡得好一点容易一点。我甚至说服自己，他是内向型的 A 型血，他都能凭着自己的热情和善意与人群建立如此良好的关系，我是大大咧咧的 O 型血，我应该做得更好的，我不应该太"各色"了。比如我四处闲逛到南方的小县城玩，公安局长听说了要请我去吃饭，我心说这又不是出差，我自己来玩儿的，我干嘛要吃你的饭呀。我推三阻四最后干脆躲在宾馆里装病，打死也不上桌吃饭，弄得公安局长大为不满，认为我架子太大，说："上次来了一位处长，探亲的，吃住都没花自己的钱，临走还带了土特产，多随和多平易近人。真没见过她这样的，不就是个小记者嘛。"是我意想不到的效果。

他有时会点拨我，跟警察打交道也很开心的，你不要老想着用什么样的方式去跟他们来往，不要老想着他们是警察就怎么样了，就像平常那样，用你自己习惯和喜欢的方式去来往，要让别人来适应你，而不是你去适应别人，这样你就会感到愉快。跟警察说话，跟警察头儿说话，你都可以用自己的方式去进行的，我跟你们的贾春旺一起吃饭，我对他说，你们警察就是保护我们这些旅行者的。

有时他会天真地说你什么时候一定要穿警服来跟我合张影，就放在我们的书上，一定很高兴的，你看余秋雨还有个当警察的学生。

大多时候我觉得他是对的，但有时也会在心里觉得他在这些事上还是有点天真。他是真正的自由人，完全生活在"体制"之外，现在又是如雷贯耳的名流，出来和人打交道，无论谁当然都是要附和他、迁就他的，他处处感到的都是开心，已经不太可能遇到那些"身不由己"、"强颜欢笑"的境地了。作为一名行业报的记者，很多时候我都是发自内心想跟警察交朋友的，想和他们打成一片，想挖掘真正的警察内心世界，但很伤心，每次被热心的民警邀请出去采访，一进入，他们立刻会把我推给局长、政委们，然后我就被架空了，四处吃饭听报告然后手里不知什么时候就塞了一大沓工作总结。心里好不搓火，但人家又都对你鞍前马后地热情周到，甚至小心翼翼，无非就想请你多宣传宣传工作的成绩。只是普通警察好像无权接近我，会触犯什么纪律原则似的。这样的工作方式和我很早以前对记者生涯的向往是有天壤之别的。每次怀着一颗真诚的心想去接触真实，挖掘底层，雾障重重，屡试屡败，真的有些伤心难过。

在"体制"内混了十几年，慢慢就把一切都看穿了，越发本分地定位在"体力劳动者"的角色上，时间长了赶都赶不出去出趟公差，也特别害怕和同事、同行之间发生"体力"之外的来往。余老师的话，并非所有的时候都适合我。

但依然喜欢听他那些我这个学生听着都带点天真的话，喜欢听他那些想当然的处理"现实"问题的方式。那何尝不是我曾希望过的美好纯粹的人际关系。

一张脸越来越不惑了，该成熟和圆润起来了。近处有这样一位充满热情和善意的榜样，或许稍作努力，"现实"真的会来适应我的。

在《行者无疆》的后记里，余秋雨曾专门花费一页的篇幅，记下与他一起考察欧洲的"伙伴们的名单"，还说，这件事在《千年一叹》时忘了，有点遗憾。他做的这件事，一直让我感动、难忘。我知道那些"伙伴们"中，多数是些非常年轻的男女，他与他们一路走下来，有了生死与共的友谊和感情，所以要专门用一种形式来表达出来。这不仅是一个非常好的创意，而且流露出他这个人对友情的珍爱。

还有人写他到广西讲学，回去后写的信里，还没忘记向一位广西期间为他开车的司机师傅问好。我相信是这样子的。自自然然，又周周到到，这是余秋雨为人的风格。

另一些时候，他对一些无行文人的言行却是毅然背决，绝不苟同。这是原则。

很多时候，我开始用余秋雨的方式行事、做人。他从没说过你应该这样你不应该那样，但我喜欢学他，遇到想不通的事情、解不开的结，会想：余秋雨会怎么做呢？

我甚至也开始懂得对读我书、喜欢我文章的人说一声"谢谢"。

他就像是面镜子，一个榜样。

可我还爱跟他说，我可不崇拜你，我们只是一伙的。

"一个不是我们所求的朋友，才是真正的朋友"

遭遇"余秋雨现象"

那次争论发生在异国的餐桌上。

一位略老的文人说起了余秋雨，无限地迷恋他的《文化苦旅》，然后痛心他现在"变了"。对余秋雨的流行表示出强烈的不满。我只是笑笑，说余先生能"流行"，这是他的能力，不是谁都能流行得起来的。要把握住一个时代大多数人的文化取向，又要站在略高于流行文化的层面上发言，不是随便什么人都做得到的。"老"先生不服，说他这是在作秀。我说作秀又怎么样呢，这是一个信息化的时代，只要你还在行动之中，只要你总能不同凡响，作秀不作秀的，不过换个说法罢了。

桌上的另一位女青年不干了，抢白"老"先生起来：这怎么是作秀呢，难道这么多人都喜欢读他的书，也是他在作秀吗？

饭后我们一行在海边漫步。灯火通明的海滩娱乐城，海报上说里面有海上木偶演出，我特想去看看，可惜事先没有安排，临时也没人响应。当然不可能让所有人在门口等我，只有继续在海边走。我又纠缠那位年轻的翻译，莫名其妙问人家知道他们国家的陈英雄吗，他拍的片子很有味道，有一种超越现实的美，让这个国家充满了热带雨林的绮丽、迷幻，我看了他不少的片子，还有他家的老房子也很不错。年轻的异国翻译并不见激动，只淡淡说不知谁是陈英雄，也没看过那样的电影。我想起来他说的每次从边境处倒些中国片子回来卖，很挣钱。心里也觉自己问得好笑，人家不过迫于生计才在这黑咕隆咚伸手不见五指的海湾陪你们散步，谁愿附和你说那些个不着边际的鸟事？便想，对了，这还真是人各有志，各有所好，谁都犯不着勉强谁。

回到宾馆，一同吃饭的女青年还在生我气：你还是余秋雨的学生，你怎么能允许别人这么说你的老师！她说我可是余秋雨的崇拜者，我就听不得别人说他一个不字。

我只是再一次地笑笑。

我太能理解她的感情了，对于一个总能提供给自己精神食粮的写作者，怎么能容忍别人对他的误解和歪曲呢。我还很感激她这样率直地坚决地维护余秋雨老师，我相信她在任何情形下都会如此真切和朴实地站出来替余秋雨说话。只是她不知道，因为离余秋雨更近，我更能意识到，这样的争论不是一句话两句话就能结束得了的，一些更深层的东西，它们关乎中国文人固有的观念与生存模式。因为余秋雨完全从传统中国文人的生存模式里挣脱了出来，肯定了他，许多人一辈子坚守的存在方式都要失去意义。那是很恼火的事。我愿意相信许多年后，不会再有人对余秋雨这样的文人大加挞伐，因为那时的许多文人也都会如他一样，抛弃书斋中的自闭生涯，有能力以自身的文化积累去创建属于自己的文化生态，成为现代社会中的文化强者。

还是在《行者无疆》的自序里，余秋雨有这么一段话，让同样也经历过类似思考的我，特别的有感触，现在抄录在这里，可

144　遭遇"余秋雨现象"

以让喜欢和欢迎他的读者感受到他的决心和勇气：

　　后来，倒是英国近代学者科林伍德的一段话帮我进
一步做出了决定，因为他指出了隐藏在象牙塔里的更大
危险，而这种危险我们平日早已隐隐约约感觉到。他说，
象牙塔看似高雅精致，却是一种自我囚禁。他不客气地
描述道，囚禁在象牙塔里的文艺精英除了自己之外别无
可谈，谈完了自己就互为观众。他认为，全部无聊、麻
烦、伤害，就产生于这种小空间里的"互为观众"。由此
他得出一个惊人的论断：真正的文化人、艺术家要做的
事，正是文化艺术界竭力要反对的事。这个事，显然就
是离开。象牙塔里"互为观众"的囚禁者们只要看到有
人离开象牙塔，就会暂时地一致对外，对付叛逃者，但
科林伍德认为，正因为这样，证明除了叛逃别无选择。

　　再抄录一段他说金庸的话，也许更能让喜欢他的读者意识到，
余秋雨并不是完全孤单和独行在路上的。在大陆之外的文人中，
早有一批现代文人找到和构建起了自己的文化生态：

　　像金庸先生这样的人，学问很好，又搞文化企业，
同时有空又写一点流行小说，而且小说，他也努力把通
俗小说提高到一个很高的文化层次。我相信，这是一种
非常值得赞叹的结构。我对他的评价很高。我不是仅仅
对他武侠小说评价高，也不是对他写的社论评价高，或
者是对他办文化企业评价高，而是将这些方面综合一起
的状态评价高。我认为，这是 20 世纪华文文化圈内的一

个奇迹般的存在。既是文化界的全才，同时又能在社会上取得巨大的反响，为社会大众所关注。我想这样的人物，在 21 世纪肯定会多出一点。

另外，我觉得非常值得我们大家注意的，就是那儿的一些文化企业家。这些企业家，在我看来，就是这个高度商业化的现代都市中的文化强者。

人们总爱把我们今天所处的社会称作转型社会，在这样的转型期，传统的惯性状态、优势和新型社会的秩序、规则，总在互相打架，纠缠不清，相信大家在变化和转变中都或多或少要经历些痛苦，有人转得顺当些，有人会转得疙疙瘩瘩甚至以失败告终，这与个人能力和适应力相关。好比所谓的知识分子，是坚守在一个专业领域里，还是做一个社会型的文化人，或者更有能力的二者兼得，相信很多人都躲在心里叽叽咕咕问过自己无数遍，但却不是所有人都有能力采取强有力的行动来把那些叽咕转变为现实。这没办法，只是自己的事情，恼羞成怒或者怨天尤人，都没有用，并且已经没有时间了。要么变，要么不变，都是自己的选择。

在我看来，一个正常的社会里，专业人才与社会公共人才两个端点都需要有人在那儿，并且保持住平衡才是理想。不过现在比较混乱，大家各求生路，不要活得太过寒酸、不要让家人也跟着委屈就好。记得二十几年前，教授们曾悲叹自己的收入还不如校门口卖茶叶蛋的老太太，现在没有人再拿自己和卖茶叶蛋的比了，现在人的要求和欲望更高更大，喜欢拿自己和明星比。其实有心气儿这样比来比去的，还不如自己干脆就做一把明星，让自己高兴一下子。不过话也说回来，能力呢？不是谁都能成为明星的。

我的眼里，余秋雨就转型得很成功，他同时占有了"专业知识分子"与"公共知识分子"两个端点，这是我非常向往的生存状态，也是个人的文化状态。

相信很多年之后，谢天谢地转型终于结束，所谓尘埃落定大家各得归宿时，再来看今天，许多人会看得到自己当年的褊狭与可笑。

突然想起，其实从"文革"结束到21世纪的今天，这个不稳定的、变化着的社会，已经有过好几回转型了，遗憾的是有人第一个型就没能转过来，比如还在搞整人的把戏——现在谁还玩这个！

十几年前在上海，就听到过有关余秋雨的"传奇"，说"文革"结束后，他正好得了肝炎，返乡养病，休养生息。于是，当别人还在"文革"的是是非非中纠来缠去你死我活时，他已经神不知鬼不觉地进入了另一番天地——

我同乡的老师盛钟键先生在奉化县的一个半山腰里找到一间小房子，让我住了下来。吃饭则有一顿没一顿，搭在山脚下一个极其简陋的小食堂里。那里连一份报纸也看不到，完全不知道天下发生了什么事。又是大幸，居然让我认识了一位八十多岁的沈老先生，他受当地文化馆委托管理着早年蒋经国先生在山间的一个读书室，经他点头，我就全身心地钻到那些旧书里去了。那儿除了《古今图书集成》《二十四史》《四部丛刊》外，还有《万有文库》和比较完整的二三十年代出版的文化杂志，我反正有的是时间，一本本阅读。正经读书累了，就去兴致勃勃地翻阅一大堆《东方》杂志。读书室外面是长天荒草，安静无比。我从来没有获得过那么优越的读书条件，当然绝不放过，连生病的事也忘记了……

　　从古庙到读书室那条冷僻的荒路，我已经走得悠然陶然，几乎记不得年月了……

　　后来知道，这些年月，中国政治领域的斗争越来越激烈，上海文化界的气氛也十分紧张，而我则好像被一种神秘的力量冰冻封存了。

　　后来他一下子拿出了几部大部头学术专著，一下就比别人多跑出去几大圈。

　　现在想，那也是他的一次成功转型，并且从某种程度来看，那是一次比今天更艰难、更痛苦的转型。那时候有多少人能看得清自己和国家的未来，又有多少人有能力把握得牢自己的命运！

　　我曾经跟余老师谈到过我父亲，一位20世纪60年代初成名的戏剧工作者，当我还在我妈肚子里的时候，他写的舞台剧就被拍成了电影，一生创作了数十台所谓优秀剧目，他写的戏，直到现在还有人会唱，让我这个女儿也不知跟着风光了多少回。但他非常清醒，也非常勇敢，对自己的过去只有两个字，那就是"狗屁"。80年代有人要给他出集子，他说他写的东西一个也没有保留，全部毁掉了，他已经为自己做了总结，不需要再出什么集子来总结了。

　　余老师听了，对我老爸大加赞赏，说中国像你父亲这样的人太少了。

　　可是即使是这样一个不可多得的人，在我看来也没能成功地转型得过来，即便他早在理论上、思想上认清了"文革"时期所谓创作的实质，即便他在形式上把青壮年时期的所有作品毁于一炬，但是他太有自知之明，也太看得清别的同辈们的"垂死"挣扎。他老人家一生中最好、最有创造力的时代已经过去了，已经被埋葬在了那样一段莫名其妙的、谁也摆脱不了的历史中了。

父亲的很多同时代人还在不甘地坚持"创作"，屁股后面拖着一根别人都看得见只有他自己看不见的"尾巴"，一根总也脱不了旧时代印记的"尾巴"。

我总爱对人说，还是我老爸好啊，我老爸不写东西了，不跟别的老家伙那样在外面丢人现眼了。我老爸现在除了给在国外打工挣学费的儿子写信鼓鼓劲，已不再拿笔。我老爸总在看金庸，看完全套再从第一部开始看。只剩下金庸能帮他打发余下的时光。

余老师说你父亲很了不起，如果中国更多些你父亲这样的人，就有希望了。

是啊，这样的父亲如果不是养育了我们这几个儿女，不也是彻彻底底地失败吗！有多少人能像父亲这样正视自己实际上已被荒废的一生？这样的事儿你跟谁说去！

余秋雨也跟我说他的父亲，已经是一位八十多岁的老人，"文革"时被造反派弄去坐牢，在牢里得了肝炎和糖尿病。这是两种相互抵触的病，一个是要吃、要营养的病，一个是少吃、只吃粗食的病，这两种完全相反的病并存于一个身体里，他父亲被折磨得很苦。现在好了，医院和药成了他父亲的精神寄托，就像一个饿惯了的人，见吃的就要吃，他说他父亲病怕了，以至于养成了"医院依赖症"，八十多岁的人把医院当做了他的第二个家，每天有事没事要到医院走一趟，不去就像缺了什么，有病没病都要求吃点药，没有药在手边上就没有安全感……

我们都嘻嘻哈哈谈论这些事，当好玩，一个既成事实罢了。但冷静下来想，真的是很气愤的事情，我们自己的亲人本来是可以有另外一个完全不一样的人生的。

还说转型，要在一种多少年下来的定势中突然扭转，必须得具有实施强有力行动的能力。而那个早年被我们几个研究生称作"秋雨兄"的人，已经成功地转型了两次，并且两次都是先于群体，先于大势，无怪乎他是我们眼里的强者了。

在深圳思考和写作，成为"旁观者"

1998 年夏天，20 世纪末的一天。一位深圳宣传部的官员，夹着一份厚厚的策划书到了北京。

在中国一千八百多个博物馆中，一百个最具魅力的博物馆被选中，一百集大型文化专题片《中国博物馆》将由深圳市委宣传部和国家文物局联合摄制完成。深圳人要在世纪末"总结 20 世纪中国文化"的野心，开始一步一步地付诸行动了。

接头地点安排在三联书店二楼咖啡厅。深圳官员打开策划书，很现代很精致的内页里，图文并茂，铺陈的是京城各种文化人递交上来的关于片子的总体构想，一页页翻过去——我们伟大，我们辉煌，我们历史悠久，我们将在 21 世纪迈向人类新纪元⋯⋯

对，这些都没错，也都是事实，问题是这样的话我们什么时候都能说，并且我们也不知已经说过多少遍，而现在是 20 世纪最后的时刻了，给了我们这么一个真正是千载难逢的发言机会，我们能不能有点全新的视角，有点自己的表述？

深圳官员指着策划书，说，这好像不是我要的。

有他这话就够了。我们也就干脆把他的东西往边上一推，省得装模作样琢磨那些大同小异的句子。我们说，我们来给你一个全新的方案。

摄制组总是这样，一个庞杂的群体，总是处在不停的沟通、争吵、再沟通当中。偏偏我做人做事的风格，向来不喜欢与人争论。本来嘛，大家都是成熟的个体，有自己的思维体系，谁会为谁的观念或者想法放弃自己的呢？很多时候身为总撰稿之一的我很沉闷，说不出话来。有那么一两次我还别扭得躲在背地里双眼潮湿。那些请来的历史学家、文物学家、博物馆专家，我从他们那里学到了许多基本知识、历史背景和史料出处，他们都是很好的人，并且在资历和年龄上，都有着绝对的优势，我非常尊重他们，但多些时候我并不懂得如何去与他们沟通和相处，我顽固地坚持要用自己的目光去看那些文物，用自己的语言来表述那些历史。我想他们可能也不怎么喜欢我。

我那时非常想念余秋雨老师，完全像个宠坏的学生，没有人来包庇我的理念和方式，心里便老大的不乐意，郁闷得很，情急之下就会对着深圳官员喊，余秋雨肯定喜欢我们这样说。

不久我们就飞去了深圳，飞机晚点，落地时已是夜里 11 点多钟。一头扎进离余秋雨家最近的宾馆，我笑称自己这是来"偷"思想来了。我给他打电话，说误机了才到。他二话没说，告诉我他一直在等我们，他马上就到宾馆来。

见到余老师，我煞有介事交给他一个艺术顾问大红聘书，他接过去就开始笑。我们还给他捎去两纸箱的北京大桃子。他更乐了，说马兰不在家，我一个人哪里吃得了，这可是"顾问桃"呀。

　　这是上戏毕业十几年后第一次见余老师，师徒二人免不了互相吹捧一通，他说你还那么漂亮，我说你还那么年轻。我们一起去他家，我想起北京的规矩，以为电梯工早该下班了，该不会让他爬楼吧？他在前面快步引路，一边笑我，说他居住的楼里电梯24小时开放，没有电梯工，说这样很好，像上海那样多可怕，进进出出都有一个电梯工守着、看着。有的还把电梯当家了，小空间里应有尽有，真是很可怕的。

　　到他家一开门，看见地上的木地板跟我家一模一样，我忘乎所以惊跳起来。他急忙提醒我，不要喊不要喊，现在是凌晨了。

　　我发现他家收拾得非常干净，并且一切井然有序的样子。电视机边上的相框里，是一张马兰的照片。我那时还没见过生活中真实的马兰，凑过去看。余老师笑自己，说屋子是在我们到之前特意打扫干净好迎接我们的。

　　看得出，他对自己的这个家很喜欢，带我到各个房间里转一圈，一边把几处家什的来历、布置说给我听。我在他书房里探头探脑。他书桌上还摆着电脑。他说是新的，他正在学着打字。我吓他，说很难的，不过有人说连马小娟都能学会五笔，应该不会难到哪里去。

　　最后站在他家的大阳台上。外面依旧一片灯火。我也早已分不清东西南北身在何方。他指着底下，耐心告诉我我是从哪个方向、如何从机场到达他家的，又指着最亮的地方说，那就是香港。

　　看上去就像在他家楼下。

　　寒暄一番，余老师提出要去楼下喝酒。这才是最高兴的事情。

　　走在草地上，他又开始指着周围数叨小区的规划建设，哪儿要修什么了，哪儿又要盖什么了，清清楚楚的。他的话充满了期待。这本来就是一个叫我好生羡慕的居家好地段，树啊草啊坡啊海啊，该有的都有了，又毫不拥堵刚刚正好，一边听他如此热烈地谈论它的未来，觉得他现在真是蛮热爱生活也蛮懂得享受的，深圳的海风好像更多了些人间烟火，把他吹熏得越发生动市井和可爱起来。心想，一个人在完成了他最初的学习与积累后，抽身而退，给他一种更安宁、舒适的归息之所，才是发挥他潜能与创造力、最终成为大家的最理想生态。

那时我正热衷于躲在家中昏暗的屋子里看欧洲庄园片，羡慕、忌妒加难过，恨不得自己也能过过那样远离尘嚣的简单专注的生活。曾经煽动过父亲重回老家乡下做"地主"，盖一栋大屋，给我留一间书房兼闺房用，被父母狠狠地浇了盆冷水，骂我天真不切实际。其实自己也知道曾经有过的大环境已不存在，一栋大屋反会变成一家人的累赘。现在看我老师生活的小区，大环境安全、便利，小环境又安宁、闲适，真的好生羡慕。心里想，社会的新秩序正在建立当中，只愿自己不要等得太久，错过了好时光。

这时他又像个远远的目标立在我的视界内，这样现实和具体。算一算，自己已经昏睡了十几年了。

我们一起四个人喝了不少红酒，余老师才发觉马小娟的酒量可以，越发高兴，不停地干杯。太久没见面，我东拉西扯，净说些和要拍的片子无关的闲话，都夜里两三点钟了，也无意扯到正事儿上来，急得同行的人乱给我递眼色。

最后我有些不情愿，说余老师，制片人跟我们搞深圳速度，时间算得特别死，我们明天就要飞去西安看兵马俑。嘿嘿，这个兵马俑不好搞，剧组专家们的意思，总希望我们突出秦始皇大一统大帝国的伟大，可我们还是想找个什么新的切入点，换个视角进入。嘿嘿，我们想从你这儿淘点东西。

他问我以前去看过兵马俑吗。我说去过呀，上学时你让我们研究生去敦煌，第一站到的不就是西安嘛?

他说哦，那个时候你可能还看不到，这次你去，你要注意看看展厅后面那些和黄土混为一体、未经剥离的、完全"原始"的兵马俑。兵马俑博物馆的人了不起，他们做了一件大好事，特意在展厅的后面留了一大片完全没有修复的残俑，这和前面那些我们看惯了的手脚齐全的兵马俑，感觉完全不同。它们残缺不全、倒卧在地，完全和身边的黄土融合在一起，你根本已经分不清哪是黄土哪是俑。有一次我陪龙应台去看，她趴在那里都不舍得离开了，她说她恨不能死在那里。你们好好看看，相信会有感觉的。

我听得眼睛一下就贼亮亮起来，又像回到了当年的课堂上，他的几句话就能把我的思路放开。总是这样，他会给你一个全新的、不一样的思路，他很少重复那些已有的现成的成果，总是带给你惊喜。虽然我一时还不能确定从他的话里真正捕捉住那个本质，但我再清楚不过，他的思路，正是在启发我这个学生去看历史的"第一现场"，去体悟历史细节的精微，去亲近和体贴那些历史当中消失久远的生命个体。这又一次与我朦胧中坚守的想法相暗合，让喝了点小酒的我，愈发兴奋。

真想马上就跳到兵马俑坑前，看看那些残破的兵马俑带给我什么样的感觉。

喝完酒，余老师要去结账。我不肯，他非要去。我一着急，就喊，这是吃的公款啊，剧组的钱，不是我的。余老师笑，说马小娟来了，我是一定要请的。我只好说，那我下次在北京请你喝酒。他越发高兴，说好呀，喝酒总是很高兴很快活的。

深圳的夜晚，半夜都早过了，酒店里还是吃客一片，人声鼎沸。才几个小时又要分手，爬上飞往西安的航班。我们谈兴未了，都有些遗憾。账都结完了，我们还坐在那儿说话。余老师喝了不少红酒，脸有点红，他说和朋友来喝酒特别高兴特别轻松，一个人出来吃饭、喝酒不好，总有人注意你，不自在。我心里好笑，这也算是名人的烦恼吧？要是有人认出余秋雨"孤孤单单"在饭馆里埋头喝酒、吃饭，总归是会有点什么说法的。

临上飞机前再次在电话里向余老师告别，他反复地在电话里说，马小娟，你不要停下来，一定要去恋爱，一定要有男朋友，好不好。

我嘻笑着答应他，我一定会的。

见面时间那么短，却还是免不了跟他说点自己的现状。他一点不惊讶，说他早猜到我的生活就要起变化了，在上封信里他就感觉到了。我不信，说我好像在信上没说什么吧，我自己都不知道会是今天这样子的。他只是笑。也许是我那些肆无忌惮的情绪化的句子，让他的预感再一次应验。他并不问我个中细节和具体，好像我做什么都应该是有理由的，是对的。这样的相处让我感觉非常舒服、自然，并且再次接受到了他一贯的宽容与理解。

这么长时间没有见面，说起话来却好像昨天还在一块儿聊过天，真好。

有时会被人追着要我联系余秋雨，索要余秋雨的地址，我一着急就直不笼统对对方说，我和余老师是君子之交淡如水，我根本不知道他现在在哪里。

是这样的，其实真正碰到一起坐下来聊天，一年也难得有两回，通常都是各自活跃在自己的领域自己的城市，但心里总是不会淡忘了对方，说的话做的事总是有"一伙儿的"的感觉，谁也不会觉得谁做的事太突兀。

有次一位制片人哭着喊着要找余秋雨，一天几个电话都快要把我逼疯了。可我根本不愿再去打搅余老师。情面与耐心到了快撑不住时，突然就接到了余老师的电话，简直就像是"送上门"来了。我一听他声音就哇哇乱喊，一个劲在电话里念叨："恐怖恐怖太恐怖了，怎么会这么巧！"他听清原委，自己也笑，说他其实没什么事，只是很久没联系，新年要来了，跟几个朋友打个电话问候一声。

这些年，因为找余秋雨，还闹过不少笑话。有一回我还挺当回事地问他，找他的人那么多，总不会每一件都像我认定的那样是"不好的事""麻烦的事"，可我要是把"好事"也给他回绝掉了，总不好，是不是该让那些人都去找金克林。他轻描淡写一笑，一点不觉得有那么严重。他有自己的原则，好与不好，只是要不违背自己做人做事的准则，不与一些无聊的群体与事情有染，要的只是特立独行，不愿有事没事在文坛上成群结队地晃悠。事实上，在那种汇聚了各种文人墨客的聚会与活动中，不可能会有余秋雨的身影，他宁愿去为一所希望小学题字、讲课，也不让自己陷入危险而无为的扎堆文人当中，他说过那是他花了许多年的时间极力要摆脱的，不可能再回头。

过去我对他频频出现在"普通人"视线中的行为不太理解，交谈过几次后我体悟到他是对的，并且和自己的某些原则也是一致的。是因为他的行动和写作背离了通常的那个文人小圈子，所以他才由其中独立出来，才被许多的"普通人"看得见。我现在反倒尤其敬佩他这一点。

他和我一样，也不用手机的。找他实在急了，就把电话打到马兰的手机上。

不知道马兰是比我小一点还是大一点，感觉上她要比我成熟不少，比如通电话，我每次都很不够意思，总是直奔主题，开口就说马兰吗我是马小娟我想找余老师。都不知道问声好。她不是的，每次接到电话都很关心，说马小娟啊好久没有你消息，最近好吗，在干什么。周到，热情。放下电话我会骂自己，怎么能这样，找余老师是真的，但这样直接太不够意思也不礼貌，总要过渡一下才好。也不知马兰怎么想我，下次一定表现好一点。但下次再通电话，又是老样子，刚想要"欲盖弥彰"绕一下，就要磕巴。马兰总是善解人意，会主动问我找余老师吧。我立刻松口气，说是。

最早还是余老师告诉我马兰的手机号的。

第一次打马兰手机在他们的《秋千架》来北京演出时，那天我在电话里跟余老师要戏票，他让我确定最后要几张，在 5 点前给马兰手机回电话，因为 5 点后就要准备上妆。结果我纠了一帮余秋雨和马兰的崇拜者，最后却怎么也联系不上他们了。打马兰手机，总打到一个陌生男人那里，第一次听说要找马兰，那边还挺兴奋："马兰? 唱黄梅戏的那个马兰吗?"第二次打过去，那边还在笑，说真遗憾你又打错了。再打，就不好玩了，那边开始显出不耐烦。我眼珠子瞪得要出血，咬牙切齿一下一下按那几个数字，还是那个男人的声音。他也急了，再不跟我客气。怎么搞的，这明明是余老师亲口告诉我的手机号码，怎么能有错。所有人都一口咬定错肯定出在我这里。我领着一帮人在街上像没头的苍蝇一阵乱转，最后才想起来直接冲到长安剧场。终于一进了前厅，就看到被人群包围住的余秋雨。一下午的折腾这才宣告结束。余老师告诉我票都替我留着呢。

演出结束后我才知道，那天他和马兰也在找我，也找不到。怎么搞的这个马小娟，说好要回电话的，连点儿音讯都没了，到底要几张票。最后没办法，只好估摸着留了几张票。更可气的，原来一向没什么数字概念的我，把马兰手机号里的"6"和"9"给记反了。

有时会突然接到余老师从深圳打来的电话，于是想，哦，他现在在深圳。马上想到他居住的那一片环境，开阔的草地，一些热带雨林才有的植物，真好。也许有一天他又会在北京为自己购置一个写作的空间，他说过那必须要傍水而居，他缺不了水的。

1999 年，边看边写

1999 年 8 月 28 日，余秋雨在中央电视台为国际大专辩论赛的总结作点评，被到处找他的香港凤凰卫视发现了下落，当时的台长王纪言直接找到他，请他做"千禧之旅"的特邀嘉宾。因此，在千年之交的最后四个月里，余秋雨与凤凰卫视"千禧之旅"越野车队跋涉四万公里，一路对中东到南亚十几个国家的历史与文明进行了考察。许多人通过凤凰卫视见到他们的风采，更多的人后来读到了余秋雨此行的笔记《千年一叹》。他自己说，那部笔记"也是一种有关写作态度的边缘试验。没有资料可供查证，没有时间琢磨文句，未及修改便已经传递出去发表，比较彻底地阻断了'做学问'或'做文章'的任何企图"。他还说"时间越长，越庆幸自己的选择。支持我选择的，是广大沉默的读者，因此只管安心走路，神清气爽"。

那时，我正在《中国博物馆》剧组里上下折腾，每天和川流不息的分撰稿、编导、各路专家等人交流，"磨合"（一个令我厌烦得要吐的词）。

一方面，我们的总体构想和先期出来的几集创作细纲，那么快就得到了深圳文化界的肯定和支持，让我由衷地感受到深圳人民的年轻和拥有希望；

另一方面，在北京，怀疑，争吵，消解，一直不断。历史观、艺术观的不一致，险些要引得人面不和了。

一方是深陷其中的、纠缠于考证的细枝末节；一方是坚守在20世纪最后时段、非要用自己的声音来表述历史的发言。一方是骸骨的陈列，史料出处言之凿凿；一方是贴近了打量，从不肯妄下结论。结果就是无休无止地开会。

当我一听到余秋雨的出行，立刻用我的语言表示了对他的最高赞赏和欢呼。我说他妈的，我敢肯定在中国找不到第二个文人敢走这一趟，离开了书斋，离开了史料，离开了已有的实证，只带着一双自己的眼睛，一张自己的嘴巴，很多人会根本放不出一个屁来。

这是真的，我对几个月后"千禧之旅"归来的余秋雨说，哎呀我现在太能理解为什么有人那么不喜欢你了，因为你把整个的书斋都给颠覆了，把中国文人习惯和固守的生存模式给颠覆了。我现在太能真切体会那种恼火和自卫了。

我说我要写一篇文章，题目就叫"余秋雨的姿势——行走当中"。

那时余秋雨在亚洲腹地走，我在中国的版图里面走。总是背着一只行囊，走在城市和乡间的那些路途中。后来的统计说，一百个博物馆的摄制，意味着我们完成了行程三十七万多公里的外景拍摄，两千多分钟的电视长度。空间与时间，都是前所未有的。

一百个博物馆，作为总撰稿之一的我有幸跑了六十二个。

最好玩的是，许多地方也都曾是我的老师余秋雨走过的地方，是他对那里的人文、历史留下过感悟与思考的地方。而我这个学生，简直就是在循着他的足迹一个地方一个地方追随而来。

更好玩的，许多被他文章写到过的地方，当地都会把他文章里的话当做重要资料、语录，大大地向外来者做介绍和宣传，充满了骄傲和自豪。这总让我感动和动情，我们见惯了各类官员在中国大地留下的深深浅浅的题字与行迹，那是常常要被当地拿来作为自炫的资本的，而余秋雨，一位步出书斋独自游历于中国大地的学者、文人，以他独树一帜的散文赢得了如此推崇，让任何一个进入过他视野的地区对他感恩不尽，也让我这个学生忍不住要发些感慨。

我去承德避暑山庄博物馆，博物馆的资料汇编里，余秋雨的《一个王朝的背影》被放在首篇，当地政协主席书写的前言里说，"感谢秋雨先生和我们的广大作者，以其优美深邃而又精湛坚实的文笔，打开了一条连接昨天的时空隧道，将已逝去的岁月风云豁然展示在读者的面前"；

在平遥，当地人恨不能把余秋雨当做再生父母，博物馆里处处抄录着余秋雨《抱愧山西》里的段落。就如他自己也在《千年一叹》里说的，"当地的各种人士，从官员到一般市民，见面总感谢我的那篇文章对晋中旅游事业的推动"，他更真诚地说，"其实真正要道声感谢的是我，感谢这块土地为我提供了考察的机会、写作的契机"；

到丽江，丽江纳西东巴文化博物馆馆长说，余秋雨是我朋友；

去敦煌，有《道士塔》，有《莫高窟》，有《沙原隐泉》；

去四川，有《都江堰》，有《三峡》；

去湘赣，有《洞庭一角》《庐山》《青云谱随想》；

去江浙，更是有《白发苏州》《江南小镇》《风雨天一阁》

《夜航船》《吴江船》；

最好玩的是去他的家乡浙江，去余姚，那里有南宋官窑博物馆，有天一阁藏书楼，有河姆渡遗址博物馆。从上海到杭州的火车上，我一直在傻乎乎给同伴念《上林湖》，完全顾不得边上人怪异的目光；

搞西安碑林博物馆，找不到感觉，偏偏又有一篇洋洋洒洒的《笔墨祭》可以拿来读；

甚至去香港澳门，写台湾那集，搞到的资料也还是少不了余秋雨的文章。

以至于我这个学生走到任何一处地方，都会发出一阵骄傲，既骄傲自己的老师来过，也骄傲自己的终于到达。那些散落在中国大地上的众多充满人文特质的点点滴滴，余秋雨用自己的足迹一处一处地访问过来，而他的思考与写作，又像是一条串连珍珠的长线，把它们一个一个地穿在了一起。我认为这是一项了不起的事业，是他用个人的行动、个人的才情，在独自整理、整合着这个民族的文化走向与希望所在。

所有那些已经出版了的为无数的人阅读着的书籍、文字，还有那些未及整理的思考与线索，它们在未来的时段可能会被酝酿得愈发醇厚、愈发馥郁，这些都是他自己的，他余秋雨独自拥有的，是一笔属于他自己的研究与创作财富。

我好生羡慕，还有些些的嫉妒。

他自己谦虚地在《千年一叹》中表示，"像平遥这样一直公开向我表示感谢，而其实应该反过来接受我感谢的地方还有很多，这一路上就遇到好几个。车队的伙伴们对于我与那么多遥远的地方有如此密切的关系深感奇怪。我说，很多年了，我先把脚步，再把思考，最后把生命都融入了这些地方，由此你们也会明白，当初我告别了什么，逃离了什么。我可能不会再走很多路，但要我返回那些逃离地，再去听那些烦杂的声音，是不可能的了。"

这些事让我很感动，一个文人、学者，写文章写到这种程度，只能说他所关注和领悟到的，也是现实生活中大众所关心的文化盲点与空缺，他的出走与远离，也不仅仅是一个形式，一个转过身去的动作，而是一次成功的深入，一次与大地、与民众发生亲密接触的实践。民众与人群对他的欢迎，就已经是对他的最大肯定，别的那些"文人"间的争吵，在这些面前也就显得没有什么意义了。

偶尔在外地宾馆的凤凰卫视节目中见到余秋雨他们的行踪，正好是在异地奔波了一天坐下来整理心得的时候，听一听余老师对异域文明的发现与感受，是交流，也是启发。

那些图像，那些话语，一晃而过，断断续续。

他在后来的《千年一叹》里说自己："对这样的写作方式珍惜起来，愿意小心翼翼地保存它的原生态和粗糙状态，只等春节那天车队进北京后就把这包书稿交给出版社，基本上不作整理修改。这种做法有点像现代的行为艺术，一切只在行为过程中完成，不再在行为之外进行涂饰；也有点像中国书法，大笔一挥总有诸多遗憾，却不宜在收笔之后东修西描。根根襷襷、泥污水渍都留着，图个真切。"

女弟子偷练"余氏功夫"

那段时间，从行动的方式，到对历史对人文的思考与情绪投入，真是一次彻头彻尾的追随和摹仿。

过去听他课看他文章，他就像是一名导游，我这个学生是在他的引领下，看尽了一路的好风光。那样的过程，还来不及有自己的发现，就早被他话语与文章的气势裹挟而去，更多的还只是停留在倾听与阅读的快感层面上。

这次太不一样，是自己一次次去面对那些历史的场景，进入历史的现场，自己去体悟那些曾经活过的人、发生的事。总是在路上，天上、地上、水上，越走越强健和放松的肢体，举着一只思绪乱飞的脑瓜子，在大地上狂奔。总是这样，刚刚还隐没在都市的人群中，刚刚还在博物馆黑乎乎的大厅里凑近了辨认那些文物，转眼就行进在山高水远的乡路上，混迹于一大群世代相守在本土的当地人中。我贼头贼脑四下打探，我蹲在墙根儿下，甜腻腻地叫着大爷大妈，老公公老婆婆，缠住人家打探他们祖辈的来处与去向，有时还被领去他们的家里，看他们今天的生活与习俗，老实不客气地吃他们那些土土的菜肴和点心。总是坚持称自己为"闯入者""外来者"，但是是非常善意的"闯入者"和"外来者"。

也是在那样的情状之下，我对余秋雨式的写作姿态也突然有了很强烈的认同。

　　以前对他散文的喜欢和维护，主要还是在对他才华和情感上的趋同，而真正对于他创作《文化苦旅》《山居笔记》等一系列文化散文的冲动和坚守所在，我除了在他的言谈和文字里去了解，去体会，其实并不能完全达到感同身受。中间总是隔着一层。只有当我自己也放胆在中国大地上游历了一圈之后，自己也有了写作和发言的冲动、激情时，才自然而然了悟了那一切。

　　那其实是一个非常自然和合理的结果。

　　一个稍稍有点悟性有点感觉的人，一个对人类的过去与未来稍稍有点好奇有点想法的人，让他突然穿越几千年的时光，一下跌落在早已物是人非或者人去楼空的历史舞台的前景中，他脑瓜子里不活动活动、情绪上不激动激动，那可真是不可救药了。

　　还是抄录一段余秋雨的话，最能表现我后来也有的那种感觉：

　　　　我站在古人一定站过的那些方位上，用与先辈差不多的黑眼珠打量着很少会有变化的自然景观，静听着与千百年前没有丝毫差异的风声鸟声，心想，在我居留的大城市里有很多贮藏古籍的图书馆，讲授古文化的大学，而中国文化的真实步履却落在这山重水复、莽莽苍苍的大地上。大地默默无言，只要一二个有悟性的文人一站立，它封存久远的文化内涵也就能哗的一声奔泻而出；文人本也萎靡柔弱，只要被这种奔泻所裹卷，倒也能吞吐千年。结果，就在这看似平常的伫立瞬间，人、历史、自然浑沌地交融在一起了，于是就有了写文章的冲动。

那是当然的，就像我，常常会被自己满脑子里的涛涛话语涨得想要发狂，整个人都会被它们催得弹跳得起来，飞起来。

于是也庆幸在片子的操作伊始，我们坚持要让撰稿人每一个博物馆、每一处历史遗迹都要走到的决心，也多亏了深圳方面有那么大的魄力，主要是有那么强的经济实力，舍得拿出钱来让摄制组两次甚至三四次前往同一个外景地考察。

记得刚听到余秋雨他们去中东和南亚走"千禧之旅"的消息时，除了激赏，还挺嫉妒的。这之前我曾在《三联生活周刊》的书讯上得知一位西方记者从欧洲出发，沿中世纪十字军东征路线，一路前往中东，沿途记录下那里的战火与人民的生活现状，出了厚厚的一本书。她也把自己这次行动当做 20 世纪末的一次行为。当时我还对剧组的人说起过，觉得那个西方记者选择的路线和区域很有历史感，相隔一千年，时间和空间的两头恰恰又都是战火，两头又都是宗教。什么也不用说，光是客观记录，就足以让世人震惊和警觉了。当时说要是我们也有能力搞这么一次远行，光是这个形式就能牛倒一大片。没想到很快就传来余老师他们的"千禧之旅"的消息，搞得我还有点小小的失落。可见在中国，很多创意不是没有人想到，而是没人有魄力和实力去实施。

不过话也说回来，像深圳这样一个远离内地的经济特区，能想到以拍摄中国一百个最具魅力的博物馆的形式，送别 20 世纪，真的是一个了不起的大手笔。

也真庆幸自己糊里糊涂就参与了这么一次跨世纪的行动，并且愣头愣脑地坚守住了自己一贯喜欢的方式。这样一来，简直就像在同一时间里，几乎和余秋雨老师在做着同样性质的事情。

不知以后还会不会有这样的好事撞上门来。

　　记得余老师在他的几部书里都提到过在外面游历时，肢体与精神上的历险。现在想，连这一点都是极其相似的，也都是事后想起来很好玩当然也有点后怕的事情，每一次都会成为记忆中有趣甚至神奇的体验。同样在国内游历，他说"一次为了赶早班渡船在山间迷了路，我顺着几声苍老的咳嗽声，找到了一间看山人的小屋，得到了指点；又有一次夜间迷路见对面来人，心中疑惧故意哼曲壮胆，对面来人也同样哼曲，等擦肩而过后才彼此放心，回头一笑"。这都是让一些具有相同经历的人会心一笑的趣事。

　　有一次我和同伴在新疆，钻进一辆长途汽车，要去木垒哈萨克自治县看丝绸之路遗迹，在十多个小时的长途奔袭里，包括司机在内的所有当地人都在猜我们两个女的究竟是从哪里来的。最后下车，可爱的哈萨克司机实在忍不住，问我们是不是四川人。他说如果我们真是四川人，他就算赌赢了，能挣一块钱。我好不得意，因为有句话说只要是有人的地方，就有四川人。是赞叹四川人顽强的生命力的。看样子，我们跑得也够疯的了。

　　也许更年轻些，也许性格使然，那两年里我走得差不多成了"野人"，胆子大得不得了，一出了北京就想方设法与所有组织脱离联系。我又不爱用手机，经常让北京的"指挥中心"担心把我这个总撰稿给走丢了。我想余老师可能完全想不出我这个学生走在外面的二流子样子。本来去每处都会有国家文物局开具的要求当地接待的一纸介绍信，但我自己平时在政府机构呆腻了，好不容易有次机会，哪里还会跑到外地还老老实实地要人"全陪"！我和同伴喜欢自己安排一切，像所有的自助旅行者那样，背着我们的大背包，把该看的看了，该听的听了，该吃的吃了，然后站在博物馆的大门前长舒一口气，这才从容不迫走进馆长办公室，掏出那纸"尚方宝剑"放在桌上，就几天来自己对当地历史、人文的所有考察与想法，作一个总结性的对话。

那些自由自在的游走！

又想起余秋雨说的一个人在外面吃饭太醒目，还是想乐。名人嘛。而我这样的，就不必在乎这些，我常学着王朔的话说：我是流氓我怕谁。

他在《文化苦旅》里说，他是靠去各地讲课来完成游历的，还暗笑自己将成为靠卖艺闯荡江湖的流浪艺人。我也老实承认，我是靠做这个博物馆的片子完成在中国版图内的东游西逛，完成我的"中国之旅"的。

以前刚到北京工作时，也曾一相情愿地以为可以利用工作出差的机会遍游中国，后来发现这个方法对我并不可行，其间要付出的，肯定比得到的多。当然问题可能还是出在自己身上，既不能适应周围又没那么大的能耐让周围来习惯自己。好在最终还是借助于别人的财力完成了最初的行游，对这片土地有了一个完整的初步"体"验。接下来的，应该就是再次、再再次的进入。虽然许多地方不会再像第一次到达时那样兴奋、惊讶，感触和发现也不会那样一个接着一个，但多少也能体味到余秋雨说的，那都是些把思考甚至生命融进去过的地方，是留下过你的气息和身影的地方。在许多高兴和不高兴的时候，你突然想起它们，荒野上的某座弃庙，路边的一个憨笑，脏得苍蝇满天飞的一顿美味，会觉得，你的世界还有另一处存在，你和它们有某种联系。在远处有另一个你。那是很叫人充实和愉快的。

后来我跟人吹牛，说我这次算是上了一回余秋雨的博士生了。我们的片子请的余秋雨做艺术顾问，他总谦逊地表示他没做什么具体的事情。他不知道，没有他在前面开辟的那条风光独特的大道，没有我这个学生一心一意的追随，这个片子至少不会是后来的样子，它只能是一头扎进我们的黑乎乎的博物馆里，对着一堆文物和古董就事论事。那是很不好玩的。

现在想，远离了北京，远离了嫌我有"反骨"的专家，远离了所有的争吵，那些行走在路上的时光，那些不断穿梭于史料——博物馆——人群当中的惊喜与发现，还有把老少皇帝、历史名流一把从历史里揪出来，像谈论张家哥哥李家嫂嫂一样，数叨他们一生中哪些事好玩哪些事不好玩的情状，真是太愉快太过瘾了。

这次的学习，还像是上研究生那会儿一样，照搬的只是方式、方法。不同的是，那会儿更多的是在课堂上与余秋雨相遇，这会儿却是在遥远处时空长廊中的大大小小驿站上与"余氏功夫"相遇。就像一位仙踪难觅的大侠，他总是留下些招数、秘诀在某个停留处，而我随后而至，觅得几句精华，便独个在山林空地间舒筋展骨、上下飞跃起来。一番参悟与比画之后，收掌定势，仿佛已自成一派。

我总是从他那里得到启发，有时会连他原来的句子都不舍得丢掉，急了就干脆照抄在解说词里。

我从不担心他会有什么说法，我大言不惭地表示，学生抄老师的嘛，应该的。

也不是没有分歧。

十几年前，我们一群研究生曾在导师余秋雨的安排下去过敦煌，那是我今生头一回见到沙漠，真的像三毛歌里唱的，"一匹黄沙万丈的布"。一头扑进去，疯玩了一天一夜，感知里已装不太进第二眼才看到的莫高窟壁画。

这次再去，把余老师的《道士塔》《莫高窟》，还有《沙原隐泉》，一读再读，自以为是有备而来的。可是立在莫高窟前，扬起头一看到窟顶上那些十几年前并不存在的防沙罩、防风网，还有众多风向、风速监测仪器上旋转着的叶片，早在读余秋雨文章时积蓄起来的感觉与情绪，一下就崩溃了，消散掉了。

总是这样，对黄沙的感觉，总是会先于那些深藏于洞内的壁画来到跟前，凸显出来。

我怔在那里，那是怎样的一个情形！一整面的山墙，窟门前有滤沙网，窟顶上有防沙网，防沙网的后面再拦起一道防风障！所有的测算——风向风速、沙丘活动规律、窟内温度与湿度——都精确无误，所有的装置都只为抵挡那无声无息流泻下来的黄沙。

博物馆的资料说，每天静静地从平缓的窟顶泻下的流沙，一年就需要人工清沙大约二千立方米，相当于六百辆卡车的载重量。

它们只是些沙呀！

这真有点螳臂挡车的情状。

而这众多的伸开双臂想要挡住流沙的螳螂里，又有那么多的美国螳螂、日本螳螂、西欧螳螂，甚至有一个美国的盖蒂研究室，就专门来与中国人合作防沙、挡沙。这是那位最初开凿莫高窟的乐僔和尚没有想到的，更是那位臭名昭著的王道士想也不敢想的。

世界都走到这一步了，敦煌完全是全世界的了。

我第一次意识到自己和十几年前的余秋雨老师有了分歧。

余老师在《道士塔》里写："敦煌研究院的专家们，比我恨得还狠。他们不愿意抒发感情，只是铁板着脸，一钻几十年，研究敦煌文献。文献的胶卷可以从外国买来，越是屈辱越是加紧钻研。"

可现在，我却非常反动地想，没有王道士卖出那一卷卷的经文，没有斯坦因的贪婪，它们很可能毁得连影儿都没了，你连胶卷都买不到！

我一直在那集片子里跟编导强调，一定要采用历次由中国敦煌吐鲁番学会组织的国际学术会议音像资料，注意会议上不同国籍、不同相貌、操不同语言的人们，我想让它们不断地出现，穿插在对敦煌历史的述说过程中，让过去和现在平行出现。我不想在片子里一心一意追究敦煌的"被盗史"，我只想在还原莫高窟壁画历史本来的同时，也客观地展示一下敦煌现在所具有的世界性，它应该是人类的、世界的共同文化遗产。

事实上，对敦煌莫高窟的保护，受到了全世界的关注，吸引了众多文物保护专家来到中国，用人类最先进的科学技术来保护这起人类文化的共同遗产。我甚至不惜它搞得不好会像科教片，也一定要在画面里强调这一点。

这一集的争吵更是可想而知的。我不仅要面对本来就存在的分歧，我还第一次要脱离余秋雨的"文本"。

游历归来的余秋雨

　　2000 年，结束"千禧之旅"的余秋雨，被《中国博物馆》摄制组请来北京，参加片子的宣传活动。余老师看过其中的几集，把我们大夸了一通，肯定的依然是我们看历史的方式与姿态。据说他还在记者见面会上说，在这个片子的主创人员里有一个他的学生，这是他的骄傲。事后我听了，膨胀得不得了。

　　那时我已疯狂地转入另一个摄制组，到处跟人说要拍专给白领看的旅游片。当时我正在上海的金茂大楼顶上假装白领喝着咖啡，在夜上海的酒吧里嗅着张爱玲留下的气息。深圳制片方在电话里大骂我不够意思，关键时刻找不着人影。我关心的却是余秋雨什么时候离开北京，我必须赶回去和他见一面。深圳一别，他去了"千禧之旅"，那里一直是战事不止；我也游荡了大半个中国，穿越了几千年的时光，我有一肚子的想法要跟他交流，也更想听到他在更远处、更陌生地带的经历和收获。

　　晚上回到北京，家人说余秋雨老师打电话找你，你快回电话。我给余老师下榻处打电话，房里又总没人。终于等到他打过来，第一句就说，马小娟，什么时候可以见面。

一见面，他还是老样子，那么艰难险阻地走了一圈回来，看不出一点疲惫。他挺挺身体，得意地问我，怎么样，你看我是不是瘦了点。我说真的，真是瘦了。我又说，我怎么每次见你都是老样子，不会像有些人，好久不见猛一碰头，马上会有"老了"的感觉，你好像一直都是那个样子。他听得高兴，说我心态好呀，心态好就能保持年轻。

　　他跟我说起他昨天参加的一次朋友聚会，是由一位一同走过"千禧之旅"的记者和她的新婚丈夫发起的。他说不得了，我们喝了好多好多的酒，喝到大半夜，真是太开心了。

　　难怪电话打不通，原来他被别人拉去喝酒了。他津津有味地跟我讲起那一对新婚夫妻的浪漫故事。他说那位和他一同走"千禧之旅"的女记者，每天都要往自己的报纸发回一篇报道，她现在的丈夫那时还只是个每天读她文章的读者，并不认识她，开始也不知道她是个女的，后来知道她是个女的，就开始一边赞赏一边担心，到处跟人说这个女孩太勇敢太了不起了。女记者回到北京后，有次他们在一个地方偶然认识，他才把文章中天天见面的女记者和面前的女孩对上号。故事再发展，自然是被征服的男读者最终又征服了我们的女记者。

　　他完全像讲故事一样讲着那对年轻人的奇遇，满怀热情，每一个转折、每一处细节都让他讲得喜气洋洋。他说那位女记者一定要他见见她的丈夫，一定要一起喝酒。我知道她也一定想让余秋雨老师见证一下她的浪漫和幸福。

　　看得出，一夜过去，余秋雨还在为他的"千禧之旅"伙伴高兴。

　　这一次游历归来的余秋雨，精神状态特别的好，简直可以用"亢奋"这个词了。他一直在说着他们一路的趣事。我无意间提到的任何一个话题，都能引得他思路大开，滔滔不绝。我们谈呀谈呀，把酒喝完，又到楼下的茶楼，又谈呀谈呀。不停地续水，不停地起身上厕所。

现在想，他那时刚结束一段远行，身体和精神的高度紧张与兴奋刚刚解除；他又刚收获一本厚厚的旅行笔记，这本凝聚他一路的考察与多年思索的大书正处在一系列的暗中运作当中，即将投放市场，和他的读者见面，他整个的人处在松弛、轻快与有所预料的期待当中。那是一个享受轻快、享受收获的愉快时段，是一个类似假期一样的悠闲时刻。

一次我们在保利，照例是一边喝酒一边聊天。饭前他问我吃西餐还是中餐，我想他刚从国外回来，西餐吃得够多了，就要求吃上海菜。他说他不清楚我们这边喝什么牌子的红酒，我说刚好我点上海菜也不灵光，于是我们分工由他点菜我来叫酒。

有那么一两下我会在心里暗笑，我们师徒在吃菜的问题上好像不如说话那么更像"一伙儿"的，他一直生活在江南，吃得还是挺精细讲究，一边点菜，一边评菜。我意识到在北京要他吃上海本邦菜，他肯定挺失望的。他说等有机会，他要做地地道道的上海菜请我吃。

他是一位真正的美食家，对每道菜的来龙去脉了如指掌，色、香、味自有标准。他儒雅安静，即使是多喝了两口，也只是脸红一红，说话还那样平缓清晰，不失风度。

记得有一次看到他在文章里说，一些乡野村舍中的饮食，说起来会非常诱人，但真要吃起来，却难以下咽。我当时看了哈哈大笑，设想有机会能请他和我一同走到村子里去，让他看我坐在苍蝇满天飞的小板凳上，胡吃海塞那些想起来就要流口水的乡野菜。他会不会对我这个没出息的学生摇头?

我早把自己放任为吃货,土人一个,一进到穷乡僻壤,就开始惦记着要吃一顿人家"家里的菜"。吃得高兴,免不了还手舞足蹈到处给乡下孩子塞城里带来的小玩意儿,扮扮"狼外婆"。曾经想过凡吃一道土菜,都记上菜谱,要吃遍乡野土菜,出一本牛轰轰的土菜大全。可惜吃是吃了不少,菜谱却一次也没顾上记。有道新疆大盘鸡,最适合一帮人胡撮时下啤酒。在辽阔的新疆大地,停下车一屁股坐进路边小店,大盘鸡的那个诱人,让我回到北京还千里迢迢托人抄来菜谱,躲在厨房操练手艺,在朋友面前炫耀。

每回和余老师喝酒吃饭,都在城市里,从未有过在路上的感觉,不知道脱离了这样雅致的用餐环境,他会是个什么样子。他在《千年一叹》里偶尔谈到过他们的用餐,似乎都没留下过美食的记忆,他说到过有一种什么大黑萝卜,难吃得不得了,吃得好像很受罪。

我们吃一盘炸小虾,他告诉我这不对的,挑的虾就不对,要比这个小,他说他做的这道菜比这个好吃多了,等什么时候到上海,他去市场买了他要的那种小虾来做给我尝尝。

我问他你和马兰谁做饭啊。他马上说有空就我做呀,我做的菜味道不错的。我马上羡慕起马兰来,吃别人做的菜,尤其是男人做的菜,是最愉快的事了。不知当初马兰与余老师结为秦晋之好,除了折服于他的才华与风度,是不是也被他亲手烹饪的美食所俘虏。

他说有机会要做上海菜请我,一定是对自己的做菜手艺颇为自信才这样说。我想我是打死也不敢在他面前露一回我的"厨艺"的。

　　我还发现，一趟"千禧之旅"走下来，余秋雨的酒量也见长，比过去更能喝了。我们喝红酒，不急不慢，我总想着给他加酒，他说你要多喝。我说没事，你也挺能喝的。他一直说"千禧之旅"的伙伴们太能喝酒了，酒量大得不得了。可是有一回他们全醉了，只有他还稍微清醒一点点。看来近朱者赤，他们把他们的余老师也连带得快成酒仙了。

　　后来常与余老师一道喝酒的刘半仙告诉我，余老师现在爱喝洋酒，喝洋酒更厉害。

　　大概也是"千禧之旅""欧洲之旅"一路喝下来的收获。

　　游历归来的余秋雨，真的是越来越洒脱，看问题也越来越开阔。他本来就有一个大开着的思维定势，这一趟集中的时间与空间里的行走，是真正的厚积薄发了。

　　他主动跟我说起在埃及的一处古文明遗迹边上，那里的人还专门给某位西方考古学家树立起雕像，这是很有意思的事情。我立刻想起自己在做敦煌那一集片子时与他文章里情感的不相融，没想到这次一见面，我们不约而同地就又想到了一处，真叫人愉快。我感觉得到，他的表达已平和了许多。他跳得更出来了，他在更加自觉地把中国放到世界这样一个大的范围里去看待、去思考。因此他也更年轻、更活跃了。

　　我一直都很在意他散文当中的"中国情结"，有时会想，一个把自己最初的文化基座定在欧洲，又受亚里士多德、黑格尔、狄德罗、萨特这些思想大师影响极深的人，对中华文明的情感竟会这样深重，有时深重得都妨碍了他思想的放达，干扰了他散文中现代意识的流程。有时甚至一相情愿地替他惋惜。

以后，我总是一个劲儿地向他表示："我喜欢你的《千禧之旅》，我喜欢你的《行者无疆》。"至少不下三次，我与人争辩他的散文创作历史。余秋雨的散文读者群，是一个非常广泛、非常复杂的群体，有中国传统文化情结浓重、带些文人气质的"老式"读者，也有极为活跃的、现代意识很强的"新型"读者，他们都喜爱余秋雨的散文，但偏好各有不同。我是他的一个亲近的、细心的读者，我注意到，在行行重行行的游历中，他已经在不知不觉中改变自己，他后来的散文一直在充实和补充过去的篇什，他的观念与风格都并非一成不变。

用他自己的话说："与笔端相比，我更看重脚步；与文章相比，我更关注生命；与精细相比，我更倾情糙粝。荒原上的叹息总是糙粝的，如果要把它们调理成书斋里的柔声细气或沙龙里的尖声尖气，我如何对得起自己多年前就开始的辞职远行？"

我总在为游历归来的余秋雨欣喜。

他问我，听说你给我写了一封很长的信，却没有发出去，里面有很多对博物馆这个片子的想法，现在摄制组想要你寄出，要我来写个回信，在报纸上宣传一下。

我笑起来：哎呀我都忘了具体都写了些什么，发泄了一通也就不管了。我那都是泼妇骂街，谁敢登呀。

事情都过去了，那是在剧组里和人吵架吵得急了，无处发泄时，很自然地就想到要与余秋雨来交流交流，向他倾诉倾诉。我是不愿回头去纠缠已经过去了的事情的，但当时的郁闷和苦恼却是很真实的。一边觉得那是一个很好的表达和叙述的机会，一边又觉得永远甚至每时每刻在与一些完全处于不同语言体系中的人们争吵、消耗，浪费自己的生命。那时对中国历史，对中国文人的生存模式，对余秋雨的"千禧之旅"，对"余秋雨现象"的意义，有许多的想法。火花乱溅啊。终于在某一次"空中之旅"的两个多小时里，脑子里那些四处乱飞的句子，被我不顾一切地铺堆在十几页纸上。完全地情绪化。就像一名半疯的泼妇，盘腿往地上一坐，嘴巴就停不下来。

我说我还是实寄给你吧，不过发表是不可能的。那都是我们师徒之间的"黑话"了。我说我在信里除了骂大街，就是吹捧你和我自己，发出来要给人骂死的。

他听得一直在笑，一再说一定要实寄一定要实寄。

送走余老师后，我果真把那封长信从抽屉里拿出来，寄去了深圳。那封信虽然不好给别人看见，但我还是希望让余老师看看，让他知道我的许多想法和思考。我知道，无论我用什么样的态度什么样的句子去表达去叙述，他都会喜欢听我那些话。

几天后他立刻回了电话，我听出来他读了我的信非常高兴，也非常兴奋。这时我已经看过了刚刚出现在市面上的他的新作《千年一叹》，我也把自己写的几篇游历散文塞在那封信里一起寄给他，他知道我和他又有了一些相似的经历。两个都是刚结束了游历归来的人，虽然起点和终点都不一样，但游历之后的充实、喜悦，却是一致的、共同的。

我知道，这一次的"千禧之旅"，以及不久后的"欧洲之旅"，对他是一笔巨大的精神财富，这是他早就期待着的，这也让他一次性地占有了一名现代学者、文人所应有的制高点。

又一年后，欧洲归来。再见余秋雨，他精神饱满，谈笑风生。

我感觉得到他更加的游刃有余。

他还有点小小的遗憾，他说自己长胖了点，都有肚子了。

我请他给我们的一本书做主编，出版社不放心我与余老师的交情，也为慎重起见，非要我"逼"他亲手写一行表示同意做主编的字据。我不太好意思，咕咕哝哝在他面前表示对出版社的不满，他倒也没说什么，一字一字照我说的写。我随手把他的"字据"放在他梅地亚住处的椅子上——后来它干脆滑落到了地上，我也浑然不觉。

我说我喜欢《行者无疆》里那张举着酒杯的照片，还有那张哥伦布塔柱照片后附带的文字："正是这个月夜，我乘电梯升至他的脚下。"他愉快地接过我的话："还有接受美女的访谈。"

我那天穿了一身黑，只在脖子上挂了一串木头项链，他注意到，指着它评点：这串项链，你看上去像个妖怪，从一个很远很奇怪的山洞里出来的妖怪。

我们一起去吃饭喝酒，他套上一件立领外套。这是他和熟人在一起时爱穿的衣服。我注意到，若是第一次见面或接受采访，他会选择穿西服，他很注意。我想他是越来越在意自己的仪表了，这也是文明的体现吧。

喝酒喝得高兴，我又把来见他的目的忘得光光。

和他分手钻进出租车里，开出去一段路，才想起"逼"他写的字据不知放哪儿去了。

我重新冲进了梅地亚，冲到楼上，敲他房间门。没找到他。再冲下来，在大厅里疯转一圈，一边骂自己：怎么搞的怎么搞的！见到余老师怎么说，难道再要他写一个？

终于在大厅的小书店里看到余老师的背影，正立在那里巡视书架上一排排的书，看上去非常认真和仔细，外人根本看不出这位读者先生刚刚还喝过不少的酒。我犹豫一下，无可奈何叫一声余老师，我好像把你的"手谕"给丢在你房间里了。

是吗？那我们上去拿。他离开书架领我上电梯。

他的"手谕"最后被我从椅子底下找出来，我嬉皮笑脸地表示我的歉意：你肯定觉得我这个学生太粗心大意了吧。

没有啊，他说，谁都有这样的时候，没关系的。

我嘻嘻笑，心里好温暖，不是谁都肯原谅这样的事的。有一回我去福建看一位木偶大师的表演，他要到剧场门口迎接我，我又怕耽误他老人家的演出，婉拒后混在一帮看演出的官员中自己进了剧场。结果大师误以为我当晚根本没去看他的演出，在电话里马上对我淡淡的。我急得一口气提供了众多演出过程中的细节，他才相信我确实是看过演出的。相形之下，余秋雨的方式更让人难忘，也更让我记得不要再犯这样的错。

我听他说话，他果真已经站在另一处山头，他涉猎的范畴已超出文学与艺术，就像他自己说的，他现在反倒喜欢和文化之外的人交朋友，我发现他现在更像个少年人一样，喜欢了解和触碰他从前不曾接触的事物和领域。我必须要努力才能跟上他的思路。他现在思考问题的那种开阔，已经不再是单一领域里的那种活跃，而是跨区域、跨领域的宽带作业。有时我又像在上戏读书时那样，要暂时丢下些不能回应的问题，跟着他往前走。我知道，又要等到十年、二十年后，在自己也像他那样把大半个世界跑了个遍，才有足够的发言权。也要到那时，我在一些问题上才有能力来与他对话。

他总是远远地走在我们的前面。

他总是能够抓住最好的机会，让自己纵身一跳，焕然一新。

我在一旁看得目瞪口呆。

从最初的走出书房游历本土的"人文山水"，到相对完整、连续的亚欧之行，他已走得很远，跑得很远了。

他早就看到了游历对一名学者的成就：

> 饶先生（饶宗颐）年纪大了，他的国学水平非常高，长时间集中来研究经典；但同时他又非常了解世界各国的文明史。他不像我们内地学者由于种种限制，没有条件到海外作长时间的考察，他却行。就在我们内地知识分子受磨难的时候，他走遍世界各地，对很多世界文明胜地作了长时间的考察，包括印度文化，他在印度就呆了好多年。这样，他就成了一个非常有优势的学者，既有国际思维又有深厚国学修养的大学者。这种学者在大陆很难找得到的。

看看那位写《宽容》的房龙先生，1882 年出生在荷兰鹿特丹，1903 年赴美国，在康奈尔大学完成本科课程。1911 年获德国慕尼黑大学博士学位。回到美国，在美国几所大学任过教，之后又充当记者、编辑，甚至播音员，同时游历过世界许多地方。

近的再看看黄仁宇，1918 年生在湖南，1936 年在天津南开大学读书，学的是电机工程，做过报社编辑，读过国民党成都中央军校。作为军人被派去过印度、缅甸、日本、美国。最后他成为一名美国学者。用他自己的话说："在我六十一年的生命中，绝大部分的时间可以平均分成中国和美国两部分，我在中国住了二十八年，在美国住了二十七年，其中最后五年是以美国公民的身份。其他六年则呆在印度、缅甸、日本及英国。"他说自己："我的文化背景和语言训练来自中国，但我对历史的了解，是住在美国数十年所发展出来的。我可以说，如果我没有离开中国，就不会有今天这番认识。如果我只在这个国家住了五年或者十年，也不会有相同的了解。"

更不要去说那位爱尔兰人乔伊斯了，他离开家乡都柏林时只有二十二岁，三十岁以后再没回过故土，一直都处于流亡、离乡之中。他的一部《尤利西斯》，虽然写的只是一天里的事，但他在结构上又要与荷马史诗《奥德赛》并驾齐驱，就让我有一种强烈的游历的感觉。

余秋雨自己——

十五年前他说：

纽约大学的著名教授 Richard Schechner 比我大二十多岁，却冒险般地游历了我国西南许多少数民族地区。那天他送给我一部奇怪的新著，是他与刚满八岁的小儿子合著的，父子俩以北冰洋的企鹅为话题，痴痴地编着一个又一个不着边际的童话。我把这本书插在他那厚厚一叠名扬国际的学术著作中间，端详良久，不能不开始嘲笑自己。

如果每宗学问的弘扬都要以生命的枯萎为代价，那么世间学问的最终目的又是为了什么呢？如果辉煌的知识文明总是给人们带来如此沉重的身心负担，那么再过千百年，人类不就是要被自己创造的精神成果压得喘不过气来？如果精神和体魄总是矛盾，深邃和青春总是无缘，学识和游戏总是对立，那么何时才能问津人类自古至今一直苦苦企盼的自身健全？

我在这种困惑中迟迟疑疑地站起身来，离开案头，换了一身远行的装束，推开了书房的门。走惯了远路的三毛唱道："远方有多远？请你告诉我！"没有人能告诉我，我悄悄出发了。

十五年后，在经过了本土、亚洲、欧洲游历后，他说：

这种寻找当然不是躲在万里之外作学究式的考订，而是直奔那里，既疑惑又信赖地面对陌生的土地，叩击一直与蒙昧和野蛮裹卷在一起，又搏斗在一起的文明。

就这样一圈一圈越走越大，每一个新空间都带来新责任，终于从国内走到国外，从中华文明走到了其他文明。既从其他文明来审视中华文明，又从中华文明来审视其他文明，然后横下一条心，只要对人类发生过重大影响的文明，哪怕已成瓦砾，已沦为匪巢，也一个不能缺漏。

旅行，家人，亲情

结束《中国博物馆》一片，我参与策划和拍摄了一个旅游节目，我们还声称这是专为白领做的一档节目，搞得我明明一个工薪阶层却到处找白领的感觉。我又想着见面时从余老师那里"偷"点有关现代旅游的新理念。

他果然又和我们想到了一处，坚决反对那种举着旗子被导游领着四处疲于奔命的旅行。他说到西方人的旅行，很羡慕，希望自己有时间也和马兰甚至两人的父母一道，能经常性地到选定的某个地方去住上一些日子，享受一下生活的悠闲自在。但是这样的事不太好办到，因为父母辈根本不习惯，在他们看来，参与如此"奢侈"的事情简直就是受罪，精神折磨。我说对呀，我的父母也是这样的，根本没办法，出门不要说坐飞机了，给买张软卧，还一个劲说我浪费。完全没法带他们一块儿玩的。

说到父母，我们都笑起来，无可奈何。他们过了大半辈子的苦日子，节俭都成条件反射了，现在一下要强迫他们花钱享受，真个是对他们搞精神折磨。

我刚从上海扮白领回来，跟他讲上海遍地都是的酒吧、小咖啡馆，每一处都弥漫着一股浓浓的怀旧氛围，是那种奢靡、繁华、略带些颓迷的气味，泅泅的。难道二三十年代的大上海就是这样子的？

他摇头，告诉我不对的，这样的怀旧是虚假的、做作的、想象出来的。你想想上海的历史，20年代蒋介石搞大屠杀，杀了多少人，血流成河啊，完全是白色恐怖了。30年代，日本人打进中国，东北被占，南京大屠杀，上海沦陷，那都是一场灾难连着一场灾难。那才是真实的上海。没有多少人真正享受过上海所谓穷奢极欲的生活，多数人只是隔着围墙，顺着里面飘出的歌声，去想象着别人家的生活场景，这种想象完全是对自己窘迫生活的一种弥补，一种精神安慰，所以也完全被夸大了，被梦化了。现在所谓的怀旧，就是怀的这种想象出来的旧，是不真实的。

2001年春天，余秋雨回到故乡浙江余姚上林湖畔，为他的家族重修祖坟。这里埋葬着他的祖父和其他亲人，他最爱的老祖母还有他的年轻的叔叔的骨灰。

这是一个生命力很强并且有着长寿基因的家族，他的祖母与毛泽东同龄，在后者去世后她又活了十几年时光。他的父母至今健在。他行走天涯，著作等身，充沛精力与坚毅的个性，也早让他有了"铁汉子"的美誉。这个家族像许多江南水乡人家一样，柔和而坚韧，不动声色当中蕴含着巨大的能量。

余姚小城我也有幸去过。去的时候司机带我们走近道，绕山而行。不动声色的江南深处，让我老想起这里面冒出来的那些家学深厚的文化智者，还有河边小巷间潜隐着的安适独立的书斋。那是多么美好的田园旧式生活。感觉里总有些离那样年代愈来愈远的失落，又忍不住要忧伤那么一下。心想现在是个人都要往外走，往外发展，家乡与出处都被丢弃在身后，而拥杂、逼仄的城市里，又怎么出得来那样大气、从容的灵魂？不知要等多久，这些消沉、冷清的村镇才能再次迎来回归的游子，重现曾有过的那些风景。耕读之家也好，修身养性也罢，这样幽深恬静的远处，正是那些如今正疲于都市人海倾轧的灵魂所需要的归息之处。

出来时我们走的高速公路，那情形就更加的怪异、令人惊讶：仿佛永无尽头的高速公路架在大片大片的水稻田上，而这里大约四万平方米的田野下曾经出土过一层又一层古人的遗物，最远可以追溯到七千年之前。那时田野上有一排排干栏式的木屋，同样远离地面，架空的。那是著名的河姆渡文化遗址。

小车进入一座小镇，一条小河穿城而去，一些青砖青瓦的老房子迎面撞来，看路边的人走得消消停停，知道自己又闯进了一处别人的生活场景当中。果然听得司机说这就是余姚小城。

在电视里见到余秋雨，立在老家余姚乡下母亲生他的雕花大床前，说自己就是个乡土作家，因为总是离不开土地，总是行走在土地上，走得再远，最后也是要回到土地的怀抱中。

他"喜欢那些把自己的生命与大地紧紧夯在一起"的人，"他们把叩问大地的秘密与叩问生命的秘密当做一件事，又那么安静。是他们，组成了中国文学的深层图谱"。

那也是他的取向。那一期节目很有意思，把余秋雨、陈忠实还有一位拍老家爹妈的摄影家三人剪辑在一起，谈对土地对家乡的感情。余老师在电话里告诉我，为了这个片子，中央电视台请他重回了一趟余姚老家。陈忠实与那位摄影家倒确实是憨土憨土的写实主义者，几近原生态。把余秋雨也归入这样的行列当中，我是第一次看到，觉得挺新鲜。

　　和他聊家事，印象最深的是他谈到他的祖母，一个不识字甚至没有自己名字的妇女，却给了他一个叫得响的名字。总有人以为他的名字如此富有诗意，会不会是他后来取的笔名。他总是骄傲地告诉别人，不是笔名是他的本名，是他的祖母为他取的。出生的时候外面正下着秋雨，祖母随口就给他叫了个小名。以后小名又成了大名。

　　他是祖母的长孙，受到宠爱，也肩负重任。他的祖母总是最关心他，他又总是最想满足祖母的所有心愿。

　　最让他心疼的，是祖母在"文革"中的磨难，仅剩的两个儿子，一个被造反派关进监牢，一个因热爱名著《红楼梦》含冤自尽。不识字的祖母要在根本不明白这一切是怎么回事的情况下，接受这样的命运安排和打击。

　　有一次他对我说过，永远都忘不了他祖母在"文革"结束后得知自己的小儿子"平反"时的样子，一个八十多岁的老太太，手捧小儿子单位送来的平反证书，眼睛里的神色就像终于又捧回了自己丢失多年的一件珍宝，有了少女般的那种娇羞和委屈。他对我说，当时他简直都不敢看她，她的那个神态叫他心疼，要哭。

　　他说他写过一个短短的自传，里面有一段专门写到他的祖母，他要找来给我看。后来他真的复印一份《隐秘的河湾》给我。没有一点煽情或是呻吟，我读得泪流满面。

　　他还说他们一家人在"文革"中的关系。他的感情世界极为细腻。那时家里总在出事，出得他都怕了，每次从上戏回家走近家门时，一看到门前有人，心马上乱跳，不敢再往前走，生怕家里又出了什么大事。他的大弟弟才初中毕业，就要出海捕鱼贴补家用，每次离家上岸也不敢直接回家，总会怯怯地先来问他，"爸爸是不是死了？"当时他们的叔叔已死在安徽，父亲被关在上海的牢里，一家八口人靠二十六块钱活命，大概潜意识里最可怕的事就是失去父亲，所以家里一有点"风吹草动"，他和年幼的弟弟就立刻会有大难临头"爸爸已经死了"的恐惧。

我们一起聊天时，说到家人，爸爸妈妈兄弟，他总是愉快、毫无芥蒂。他的家庭很像我的家庭，一家人在一起吃了很多苦。我知道一家人在苦熬过那样的艰难与绝望年月，是会懂得彼此永远珍惜的。

他说过如果写小说，他要再写他家乡的河湾，他生命中的那些亲人。

"孩子一离开你的身体，就已经是你的异化。"

"父母对孩子的爱是一相情愿的，当有一天她长大离开，你会像失恋一样痛苦。"

"那是母亲在断奶，根本不是孩子在断奶。"

"你不要有任何想法去觉得你的孩子将来要怎么样。你说要给她一个宽松环境让她身心都自由自在，那是你不是她。嵇康嗜酒如命，曾经一面喝着酒，后边就跟个扛镢头的，准备醉死就地挖坑埋了。不过你知道他儿子吗，一辈子一滴酒都没沾过呀。"

"小孩子要顺其自然，她不可能成为任何你想要的样子。否则你一定有痛苦。"

在对待血缘亲情上，他的言谈有时却流露出几分决绝与弃舍。他热爱和关心他的亲人，他又希望自己的未来有更简单化的社会关系。那样牵肠挂肚的血亲之爱，他并不热衷。他对已有的亲情甘之如饴，尽职尽责，说起来也是亲情浓浓，但我们聊到孩子，他很少附和我对孩子对下一代的爱。

他曾告诉过我对文化遗产的感觉：那是祖先留下来的，好与不好，都是留给我们的，今天它都是客观存在的。重要的是我们现在可以去创造更好的文化。

我倒觉得，这话用在亲情关系上也很适合。爸爸妈妈兄弟姐妹三姑六舅，那是血缘关系里早就存在的，要与不要都随不得我们，在中国这样以人伦关系为基础的社会里，它还是检验我们人格是否健全的重要标准之一。但是我们在未来的社会里，建构一个怎样的亲情关系，却完全在自己的掌控当中。

以我自身的经验看他，他又是矛盾的。对于已有的亲情、尘缘他深陷其中。"文革"伊始他才十九岁，一家人苦苦挣扎，受尽磨难。他说："我当时最强烈的感受不是被批判，而是饥饿。""极度饥饿的亲人们是不愿聚在一起的，只怕面对一点食物你推我让无法下口，我尽量躲在学院受造反派批判，一星期回家一次。"

善良天性也好，责无旁贷也好，十九岁的他想要把全家八口人的生计扛在肩上。那时最大的困境就是生计。大学生们要到农村去劳动锻炼，别人都想法躲避，他却因为可以挣到点工钱接济家里，恨不能立刻下到乡下投入劳动。

我在想，只有那样曾经对家人亲情过于投入与付出的人，曾经对家庭当中每一位亲人的生死"耿耿于怀"的人，才"物极必反"，才渴望给自己的未来设置一个简单、轻松的尘世纽带吧。

在血亲关系里，爱到深处不是孤独，是唯恐失去到宁愿从未有过。

　　余老师的《隐秘的河湾》全文曾在香港《明报月刊》上连载，大陆还极少见到，我因为喜欢，尤其对那些他与他的家族成员间的那种亲情与苦难中相互支撑的文字，很难忘，所以忍不住要在这里大段大段地摘抄，与坚持读到这里的读者共同来感受一番余秋雨的内心一隅：

　　　　我的祖母姓毛。叫什么名字，我们都不知道。户口
　　簿上的名字，是登记户口的工作人员随手写上去的，这
　　是祖母给他们的权力。她当然有自己的名字，但是，嫁
　　给我祖父之后就成了"余毛氏"，名字成了最神秘的隐
　　私，我甚至怀疑连大大咧咧的祖父也不知道。每天傍晚，
　　我与弟弟替祖母捶背，又一次做着重复的猜名游戏。让
　　祖母自己说出名字是不可能了，我们就大声报着本地妇
　　女的各个常用名，再看祖母的表情，希望哪一次她失声
　　答应，或眼睛发亮。但是，数不清报了多少名字，我想
　　一定已经报到过了，她却毫无表情，也不阻止我们天天
　　做这样的游戏。于是，我们的童年，就是在捶拍一位长
　　辈的背脊，呼喊一个个中国女性的名字中度过的。捶拍，
　　如同叩问，叩问着一个最简单的答案，居然一直没有获
　　得响应。

　　　　但是，不知名的祖母却给了我一个名字。她并不识
　　字，只知秋天下雨的日子出生了一个男孩，就随口一叫。
　　她说，等雨停了，请庙里的和尚取一个正式的名字，她
　　是虔诚的佛教徒。和尚为我取的名字叫"长庚"，祖母觉
　　得村里已有两个同名，还是暂时叫她取的小名吧，结果

一叫叫到现在，留住了那天的湿润。浙东农村当年的婆媳关系非常特殊，祖母的这个随意决定使我的躺在床上的母亲很高兴，立即写信告诉在上海工作的父亲。母亲的文化程度不低，却还没有在余家取得发言权。

祖母曾经为余家生了十个儿女，真是对得起"余毛氏"这个称呼了。我是她的大孙子，在我出生前，祖母的十个儿女已病死七个。我出生后一年，父亲的妹妹又去世了，祖母只剩下了两个最小的儿子：我的父亲，我的叔叔。叔叔是在上海长大的，一解放便与很多热血青年一样自愿报名到安徽参加土地改革、治理淮河，与其他青年不同的是，他后来就留在安徽工作了。叔叔一直没有结婚，因此经常来上海看望祖母。为了我的读书，当时我家已经全部搬到上海。

祖母与毛泽东同龄。在他们七十三岁的高龄上，毛泽东主席发动了"文化大革命"。不久，我父亲被造反派关押，罪名是"阶级异己分子"。祖母完全不明白这几个字是什么意思，我们也解释不清，她只得每晚要妈妈搀扶着，到一个会场的门边偷看批斗会，试图弄懂。一天终于看到，有人按着父亲的头说他是"刘少奇、邓小平的孝子贤孙"，祖母能听懂"孝子"一词，气得浑身发抖，要上台去声辩，父亲是她的孝子，不是别人的，被我妈妈拉住了。回来的路上她还不断嘀咕："我只剩下了两个儿子……"

真正的灾难是生计。我家大大小小八口人，全靠父亲一人的薪水过活，他被关押后造反派发给的生活费是人民币二十六元。为什么是二十六元，至今没有想明白，但天底下没有另一个数字被我那样小心翼翼地捧持过。八口人，三十天，二十六元，我作为全家的大儿子，每个月都要无数遍地摆弄这道无法做完的数学题。这时我所在的学院也被造反派掌权了，老是批判我们这批抵制过他们的所谓"保守派"，而我当时最强烈的感受不是被批判，而是饥饿。后来幸亏初中刚毕业的大弟弟懂事，小小年纪出海捕鱼，全家才勉强活了下来。祖母要我写信给在安徽蚌埠工作的叔叔，告诉他上海全家实情，让他快快来接济。那天她向我布置完任务，又转身面对毛泽东的画像说了几句话，希望他看在同姓同龄的份儿上，帮帮余家。这种走到绝路上的轻声祈求，在我们老家叫"讪唤"。

极度饥饿的亲人们是不愿聚在一起的，只怕面对一点食物你推我让无法下口，我尽量躲在学院受造反派批判，一星期回家一次。那天，我一踏进家门就见到祖母堵在门口，急急地说："你叔叔生胃病死在安徽，我和你妈妈已经把骨灰捧回来了。"说完，她居然牵动嘴角想笑一下。然后两眼直直地看着我。

五雷轰顶般的消息。白发凌乱的她，在这个星期里已经亲自到安徽把自己最小的儿子的骨灰捧回来了！她一辈子不会说谎，牵动嘴角想笑一下的小动作证明胃病之类是假话。她没有眼泪，眼光很定，又很虚。

过后妈妈给我说了实话。只因当时一切自杀都算是"自绝于人民"的反革命，祖母怕连累全家，只能胡编，也不让我们去。我问妈妈，叔叔为何自杀，妈妈说，他以前经常为周围的年轻人讲解《红楼梦》，"文革"一来就算"放毒",争辩几句成了不知忏悔,押在垃圾车上游街。叔叔哪里受得了这般羞辱,回家就用刮胡须的刀片割脉,抢救过两次,直到第三次终于完成了他的抗议,单位才来通知。

什么时候我会专门写写我的这位叫余志士的叔叔。玉树临风般的温雅书生,我从少年时代起全部课外书籍的提供者,第一次让我知道鲁迅是谁的人,居然为了一部《红楼梦》,三次割脉。如此宁静的刚烈,使我立即领悟了文化与生命的关系。我在最寒冷的一天把祖母从安徽抱回来的骨灰再抱到上海古北公墓安置,然后肃立半晌,用眼泪向大地发誓。

二十六年以后,我和妻子特意在安徽制作黄梅戏《红楼梦》,全剧最后一场宝玉出走前哭灵,妻子在演唱我写的那些唱词时,膝盖跪得鲜血淋漓,还把手掌、手指都捶拍肿了,她心里想的是:刚烈的长辈,您听到了吗?

当时,我最担忧的是祖母。她自称只剩下最后两个儿子现在却一个自杀、一个被关。我觉得应该让她回到浙江老家,那间她初嫁到余家时便入住的老屋,也许只有那个出发的码头,才能听懂她的叹息。家乡已经没有人照顾这位古稀老人,这在乱世不算什么,最现实的问题是我无力筹措让她回乡的路费。因此,听说我们这些大学生要一辈子到农村劳动,我就急迫得恨不能明天就下去,试图用一个孙子的体力为祖母挣一点路费,就当我背她回家了。1968年冬天终于到了一个军垦农场,我的劳动劲头把很多同学吓了一跳,月终获得四十三元酬劳，立即邮寄三十五元给家里，祖母就回乡了。

我们那个农场劳动的艰苦程度，竟然使得不止一个年轻人因实在熬不过而自杀，但我不会自杀，因为背后还有一个饥饿的家。"林彪事件"后邓小平主权，各个学校复课，我回到上海编过一阵教材，后来听到有批邓的风声，造反势力重新抬头，我也就称病回乡，隐居在一座山上，没有回到祖母身边，怕彼此不能互相照顾。直到"四人帮"倒台，"文化大革命"结束，我先回到上海，然后再把祖母接了出来。

那年月，大家都轻松了，但"文化大革命"还没有被否定，出现了一种现在看起来不可思议的社会心理失序。灾难走了，似乎又没走；春风来了，似乎并不暖。这便是被后来的历史学家称作"两个凡是"的时期，长达两年之久。

先是听到我们的现代文学史老师谢志和先生从监狱释放出来了，我立即到他家里去看望，回到学院后有一个老干部问我："他吸取教训了没有？"

"你说的是什么教训？"我问。

"反对毛主席啊！"这位老干部说。

这下我又想起来了，谢志和老师当年被捕的罪名之一，是他私下议论，每天早晨列队敬祝毛主席万寿无疆是唯心主义。为此他入狱多年，老干部还不原谅他。这位老干部并不是极"左"派，"文革"中也受尽磨难，但他心中最敏感的政治界线还是反不反对毛主席。至于谢老师怎么反，他没有记住，也觉得没必要记。他们这一代人，在乎的不是具体案情，而是立场、感情。

接着，我爸爸也平反了。十年灾难的解除，没有使他有更多的快乐。很多朋友来访，他都很冷淡。这一点，与后来很多小说、戏剧描写的劫后重逢的喜悦全然不同。有时，我也依稀听到几句他们之间的对话——

"老余，那次批判会上的发言，是造反派强要我……"

"都过去了。这十年你也不容易……"

我当时惊讶的是，这样来解释的人实在太多。

只有祖母还绕在那个问题上转不出来，那天终于问我爸爸："你到底什么时候认识刘少奇、邓小平的？"

爸爸说："我连一个区长都不认识。"

对于这么一个常识性陷害，整整十年，那么多朋友都沉默着。我终于明白，爸爸为什么能原谅那几个最早高声地要他坦白交代的年轻造反派，却无法原谅那些朋友。朋友应该知情，知情应该发言，在那么长的时间内说几句平静的公道话并没有太大的风险，而对当事人却是救命绳索。此刻灾难过去，他们现在正合力声讨那几个造反派头目，父亲则背过脸，为晚年选择了孤独。

那天家里只有我和祖母在，听到敲门声。迎进来的是一腔安徽口音，两位先生来为我的屈死了十年的叔叔平反。他们高度评价了叔叔，又愤怒批判了他们单位的造反派，希望祖母能够"化悲痛为力量，加入新长征"。

我看了一眼祖母，突然发现，她眼里居然涌动着恰似一个年幼女孩被夺走了手中珍宝的无限委屈。我一见这个眼光便满脸泪水，此刻祖母已经84岁。

老人的嘴唇抖动着，问："他第一次、第二次自杀后救活，你们为什么不通知我？"

没有回答。

过了好一会儿，来人说："老太太，这是第一次文化大革命，大家都没有经验，等到第二次文化大革命就好了……"

"你们还要搞?"祖母问。

"嗯。"

"什么时候?"

"再过七八年吧，主席说过。"

听说七八年后还有文化大革命，祖母算了算我爸爸的年龄，便把目光投向了我。

我立即笑着回答她的目光："放心吧，阿婆，我比爸爸和叔叔都要强硬。"

我知道，对于十年蒙冤的爸爸和三度割脉的叔叔，我没有资格说这句话，但却想以此向眼前这位亲手送走九个儿女的真正强硬的女性，作一种保证。我估计此刻她会嘲笑我。

没想到她轻轻一笑说："这我早就看出来了。"

"凭什么?"我惊喜莫名。

"凭你生了病一个人离开上海，在没吃没喝的荒山上住那么久。有一股狠劲。"

我笑了："吃喝还是弄得到，山也不荒。"

祖母和叔叔的骨灰早已移回故乡，与爷爷和其他亲人葬在一起。去年春天，我又把他们的坟墓重新修了一次。

站在故乡的青山间我想，直到现在才知道，长辈的亡故不仅仅使我们一次次伤心,而且还会使我们的一段段生命归于混沌。没有问明白的秘密再也问不到了,连自己的各种行为因果,也失去了参证。原以为周围拥挤过无数双可以参证的眼睛,到后来才知道,最后一双往往只属于某个长辈,而且已经闭上。

其实又岂止是参证,长辈的眼睛也是我们人生险径上的最后可以依赖的灯。没有这些灯,当初的路就很难走下去;现在熄灭了,连当初的路和当初的我们,全都沉入黑暗,成了疑问。因此,长辈的亡故,是我们生命的局部沉沦。

我祖母和叔叔的坟墓是余家最近一次大劫难的见证,祖母因长寿,还成了历史转折的苍老刻纹。由此联想到,那个惊心动魄、血泪纵横的历史阶段,大多已化作青山间的万千土堆,不再作声。世间文字,究竟是记录了还是掩盖了那种曾经刻骨铭心,现在却已远去的声音?

说到那场劫难,那么,我所说的长辈,已远不止是亲人。无论在劫难中还是在转折中,我们都曾遇到过一些非亲非故的长者的目光,温暖、慈爱、公正,有时也许受人挑唆,怒目失当,但一旦细睹,却会顷刻柔软,回归人性。正是这种长者的目光,在劫难中留存了依稀的公正,在劫难后分辨着混杂的是非,使时时可能失序的一切变得有序,使处处可能张扬的邪恶受到节制。

这样的目光自然也会让人有些害怕,使他们难于长时间地胡乱整人。因此这些人只能耐心等待,一等几十年,等到所有公正的历史见证人逐一亡故,然后,在失去见证人的天地间递补为"见证人"。摆脱了多年来别人的警惕逼视，他们深感痛快，重新开始点燃早已熄灭的老火。我曾看到一个躲闪了几十年而终于当上了"见证人"的老兄先在报刊上诬陷我，然后又在报刊上教训我：记住，今后要说明历史真相，不要等到老人死了之后。我明白他的意思，那就是老人死了之后，全成了他们的天下，连历史也要听命于他们的狞笑。

逝去的老人确实已经不能为历史作证了，但也绝不会为这些人作证。我相信世间万物都有灵性，真言谎话各有报应。我相信九天之上会有很多长辈的眼睛，大地之间也有很多能够用最朴实的直觉分辨真伪的心灵。

我不知道我的祖母，不留名又不识字的祖母，会不会在冥冥中遇到一再称赞过她把我的名字取得很有诗意的车部长和冯岗先生？我更不知道我的叔叔、刚烈的余志士先生，会不会在青山间与当年的打手们狭路相逢？也许，正是当初强迫叔叔"忏悔"而逼他自杀的打手们几十年后又找到了相反的把柄，会诱骗一二个无知的小喽啰出来喝令叔叔"忏悔"？叔叔当然不去理会，却会忧郁地转过身来，看看尘世间是不是也有这种跨代的孽债。

我仿佛接收到了叔叔的目光，于是告诉他："安息吧，叔叔，这尘世间真是好多了，你看他们老老少少折腾了我这么久，我还能悠然走笔、信步天涯。"

祖母一定又会称赞我的强硬，这次我可要谦虚了，说：真正该称赞的不是我，是世道人心。

他还是积极的悲观主义者

他总是不放弃他的使命感、责任感。走得再远，看得再多，他的定位没有变，他要把中华文明作为自己思考与研究的依附点的信念没有变。他似乎对这样一段文明的延脉、这样一个民族的未来，更加充满了肯定和希望。

"千禧之旅"归来他说："离别之后读懂了它——这句话中包含着沉重的检讨。我们一直偎依它、吮吸它，却又一直埋怨它、轻视它、斥责它。它花了几千年的目光脚力走出了一条路，我们常常嘲笑它为何不走另外一条。它好不容易在沧海横流之中保住了一份家业、一份名誉、一份尊严，我们常常轻率地说保住这些干什么。我们娇宠张狂，一会儿嫌它皱纹太多，一会儿嫌它脸色不好，这次离开它远远近近看了一圈，终于吃惊，终于惭愧，终于懊恼。"

欧洲之行归来，他说："即便是与欧洲文明有着太多历史恩怨的中华文明，也不会一味执著于各个文明之间的冲突来谋求自我复兴，它正在渐渐明白，自我复兴的主要障碍是近处和远处的蒙昧与野蛮，因此更需要与其他文明互相探究、互相学习、互相提醒，然后并肩来对付散落处处的幢幢黑影。"

　　这样的话语，至少在我这个暂时还没有能力对几大文明进行实际的考察与比较、还没有发言权的人看来，这是一件非常坚决和勇敢的事情。

　　这是他的世界观使然吧。总是这样，勇敢地面对和接受现实，从不轻言放弃与绝望。他还是积极的悲观主义者，在承认现实的前提下，选择那条积极的路线。就像他看待爱情一样。

　　曾经有一次，一个很常见的中国现实话题的议论，让我忽生愤懑与决绝，我甚至认为要想以最快的速度改变现状，只有依靠外力。否则要靠"自我改造"，不知又有多少好时光被荒废掉了。现在总说要"接轨"，哪那么容易就接上了。

　　他笑我，摇头说不对的，我走了这么多国家，"殖民地"的结局就是什么也不是。你看看印度就知道了。

　　我绝望地说，我不是光指责别人，我知道我自己也是丑陋的中国人。就像我走在澳门、香港的街上，老忘了身处何方，哇啦啦一嘴说不完的话，看见马路上没车就想要过去，倒是周围本地人的安静、乖乖立在红灯下等待的样子，突然就提醒我，我有多么的丑陋，那个时候也一下就把我和当地人划分了开来。

　　他越发地好笑，说这说明你还算是有点慧根的。

　　我又开始攻击街上的建筑、城市规划，连带每年一次的春节晚会，绝望得不得了，主要是觉得浪费那么些钱，做点什么不好。好像常去国外考察的倒成了我了。

　　他有时也会很同意我，但没我这么偏激，他对这个国家的文化与传统，听上去比相对年轻些的我更有感情。比如春节晚会，我一听说有人想请他做顾问，就要他把所有那些土人全部赶走，找一些海外归来的艺术家，一些有现代意识的实力派，从灯光、造型、服装，到演出内容、形式全部翻新，要真正能体现中国人的艺术水准的。他听得更好笑，说你对晚会的期望值太高了，它只能是一台通俗的普通老百姓要看的晚会，办了十几年，它已经是一个传统，一样习俗了，你不能要求把传统和习俗都彻底推翻。它现在就像是年夜饭里的一道必上的菜，谈不上好吃不好吃，但一定要摆在那里，图个热闹。

可是有多少人投入其中，要花多少钱啊。我说。

我们谈到现在的白领，他对他们倒是充满了信心，认为他们现在能够在日常工作中领略最现代的管理方式和生活方式，接触到最现代的领域与人才，将来可以在一定程度上影响中国社会的行为、风尚。

我却依然悲观，一是他们人数太少，二是我担心他们一走出写字楼汇入大街上的人流，原先的许多本性就会被迫呈现。像我这样一个自以为蛮有点自律意识、经常和周围格格不入的人，还时不时地会没于大环境中浑然不觉，更何况那些必须要在现实中求生存并养活一家老小的人。

他跟我说到一些生活在国外的中国文人，他们其实并不像我们以为的那样舒适和舒心。脱离了一个文化的母体，人如浮萍，即使是拿到一个国际大奖，也无法彻底改变生活的境遇和精神的境遇。他说他在境外遇见一位作家，大家都以为他该春风得意忘乎所以，但他不完全开心，一提起祖国大陆眼睛就要红，就想要哭。更有一些完全不愿意了解一下中国国内现状的人，对现在国内发生的变化尤其是经济生活里的变化完全不清楚，人已经很老了，还生活在自己臆造出来的假相里，是很悲哀的。

我说这些事我也听到过一些，我很替他们伤感的。我的一位女友是出版社编辑，手里有一部某著名作家前妻的小说稿，就是写他们在海外的生活境况，其中也写到他们婚姻的失败，写到那位作家与别人国家的主流社会完全不相融的事实，还有他们的孩子在西方社会里的迷失。她讲给我听，我听得都有些难过，老眼昏花了，还要搞那样的自我改造与自我折磨，真正是一团糟啊。我曾鼓动女友干脆把书做成纪实性的，再打上那位作家曾经创作过的几部小说名，做成中国流落海外的文人心态史、精神游历什么的，保管畅销。但是我的女友很有职业操守，作家和作家的前妻都是她的朋友，她不能伤他们中的任何一个，所以还愿意把书做成一般的小说，情愿它淹没在嘈杂的书市里无人问津。

我说我只是可惜了那小说后面的文化背景。

不过我一狠心又会想，一些人留在这里，到头也可能就堕落成无所事事靠国家养着的无聊文人，装模作样的，还动辄内耗生事，还不如把他扔到国外去自食其力，好歹也算是有事可做。

在余秋雨还在走着"千禧之旅"时，本土突然刮起一股"倒余"风，当时我和"博物馆"剧组的人甚至想要往南亚那边打电话，表示我们的声援，只是无法联络他才作罢。那时也不知马兰电话，后来从《千年一叹》里看到，凤凰台安排马兰中途前往南亚与余老师相聚，分手时马兰哭得很厉害，我想她的眼泪里肯定有独守在国内目睹丈夫被流言蜚语围攻的委屈和心疼。

几个月后余秋雨随车队刚进入国内，马上有记者各种各样的追问包围住他。

"我无法回答这些问题，但对它们的出现又似乎全部知道。它们让我快速地明白，我真的回来了。"他说。

多么难过和失望的感觉。

但他还不轻言对整体的绝望，依然兴致勃勃地念叨："它们的出现不会改变我考察的结论，也不会影响我要向海内外同胞报告对中华文明重新认识的好心情。"

不知为什么，我有时会突然感到他像塞万提斯笔下的绅士"骑士"堂吉诃德。我知道我这样子想他，他一定哭笑不得，但他总那样兴冲冲的、总不轻言绝望与放弃的姿势，尤其是总忍不住要流露他对本土的历史与人文的好感、信念，却又总是被一些象征这个国家文化事业的人们攻击，深受伤害，有时真没法不让我这样想。

他自己，则更愿被当做"铁汉子"，对香港报刊称他为"铁汉子""心里有点暗喜"，因为"他们看出了我斯文外表下的刚毅"。

当然，我心里也还是很明白，他的"中华大文明、大文化"的定位与取向，是他理性与感性结合的结果，他所以成为有无数拥趸的作家、学者，而非一般意义上的游记作者，也是因为他紧紧地把自己依附于中华文明这条血脉之上的结果。

这是 2003 年 4 月底，我躲在这个旧家写这本书的尾声时，全北京人在大战"非典"。晚上回新家吃晚饭，妈妈说你的导师打电话来，叫你这段时间小心些，不要再到处乱跑，要注意身体。

再打电话，他并不在深圳。"五一"假期，又接到他的电话，他说这段时间好清静，再没有接不完的电话，应答不完的邀请，他也在写东西，写他父亲，许多不为人知的事情。他的助手金克林说他又在"挑灯夜战"。

　　"非典"让我们一下子多出来许多的时间，有人读书有人写作。他问我在干嘛，我不好意思地说自己也正在写作。他鼓励我，好，瘟疫正是产生名著的时候，还记得《十日谈》吗，正是一帮人为逃避瘟疫躲在花园里编的一百个小故事，多好，世界名著。

　　我记得他说过要写他的家乡写他的亲人们，他已经开始了。他也许又要给他的读者带来新的惊喜。

　　一场"非典"过后，余秋雨老师出版了自传性著作《借我一生》。同一年的前后脚，我也初版了这本关于余秋雨老师的书。这本书的整个出版过程，都得到余老师的关注和关心。

　　这次在文后，我照旧附上了余老师的两篇文章，一篇是《有人敲门》，一篇是《我能听到》，两篇都是讲述他任上海戏剧学院院长的故事。今天再读，恍如隔世，那是那个时代特有的"文化生态"，而我，亦是在如此"生态"中展开我的叙述的。

　　这真是一段有关上海戏剧学院、有关余老师的"故事"。

2003 年 11 月，稿成于北京方庄

2010 年夏，修订于北京双井

有人敲门

一

1987 年 2 月的一个下午，我浑身疲惫地回到上海。

把行李放在门口地上，摸出钥匙刚要开门，脑后传来隔壁苏北老太响亮的声音："回来啦？刚刚有两个传呼电话，叫你的！"

我谢过她，进门，一下子坐在椅子上不想起来了，真累。管它什么传呼电话，先让我憩一会儿。

看到床下有几个西瓜，我知道，这是爸爸踩着脚踏车驮来的。他掌握着所有子女家的钥匙，这是他的一大乐趣。爸爸那么大的年岁，把西瓜驮到这里已不容易，还要一个个从楼下搬上来，真不知多么劳累。

由此想到，我很久没有看望老人了。

轻轻的敲门声。

一听就知道是对门的宁波老太。她从苏北老太的嚷嚷中知道我回来了，但必定要等到苏北老太进屋关门后才出来，因为她是苏北老太设想中的勾引苏北老汉的"老妖精"，大家都不想见面。

我开门，宁波老太塞过来两张字条，说："传呼电话的单子我替你收下了，一连两张。"她的声音很轻，与苏北老太完全相反，明显的弱势。

我连忙还给她替我代付的传呼费，边道谢，边看那两张单子，上面都写着同一句话："下午立即来系办公室，有重要事情。"

"下午？"这就是说现在必须走。应该先打一个传呼电话过去问问什么事，但到传呼电话站一看，有七八个人排队，都是等着打电话的。我摇摇头，赶紧去挤公共汽车。

公共汽车与往常一样挤，车站上专门有两个身强力壮的退休工人，负责把最后几个乘客推塞进车门。推塞的时候要用最大的力气把吊挂在车门口的那几个乘客的背部、臀部的肉一寸寸地压进车门，像在压制一方最密实的大肉饼。

我听到车门已在我背后"砰"地一声关上，于是前面刚才还在往前挤的诸多肉体一下子弹了回来，全部压到了我身上。胸口快要窒息，我艰难地扭过头，从前面一个胖子的背脊窝里腾出鼻孔，呼吸一口。

太累了。

二

这次外出，又是考察傩戏，为了洗去笼罩我心头的学术羞耻感。

照理，那个时候我不应该产生学术羞耻感。由于北京、上海一批老教授的强力推荐，我在从未做过一天副教授的情况下已破格晋升为中国大陆最年轻的文科正教授，以及国家文化部系统内最年轻的所谓"国家级有突出贡献专家"。明明四十岁了还被一再排列为"最年轻"，而且全国报纸也纷纷这么报道，可见大家自动把在灾难中耗费的岁月删除了。这很有讽刺意义，但更具有讽刺意义的事情别人不知道，那就是：正当我的那些学术著作给我带来种种荣誉的时候，它们的重大缺漏也已经悄悄地暴露在我自己眼前。

我作为《中国戏剧文化史述》的作者，怎么可以不知道，原始形态的演剧方式傩戏、傩舞还在现今中国很多边远贫困地区保留着呢？傩人已老，余留不多，我只能风餐露宿地加紧寻访。寻访过程中我发现，这正是当代西方格尔道夫斯基、彼得·布鲁克、理查·谢克纳、马丁·艾思林等人早就开拓的"戏剧人类学"、"人类表演学"的天地，而我对这个理论天地还相当陌生。

我还自以为补足了世界和中国的戏剧史论，怎料这些史论转眼就显得那么传统和狭窄！我还能被人称之为"最年轻"的什么什么吗，居然年轻得那么衰老？

那天晚上我在安徽贵池山区的刘村观看农民的驱煞春傩，演至半夜，那些参加演出的农民要吃"腰台"，相当于平常所说的夜宵。但与夜宵不同的是，"腰台"本身也是整个仪式的一部分，吃完再演到天亮，因此把半夜当作了"腰"。"腰台"是几锅肥肉，一筐馒头，两坛烈酒，演出者们卸下面具，吃将起来。我也挤在中间吃了几口，发觉演出者们刚刚卸下的面具已被其他青年农民戴上，在田埂间飘然远去。周围的人告诉我，吃过"腰台"后，有一段时间是人人参演，整个村庄、田埂都是舞台。我一听兴起，也抓起一个面具追随而去，与村人一起在村口燃火驱煞，在村内挨户祈福，似真似幻，似主似客，很快忘了自己是谁。

当第一声鸡鸣响起，我才想到必须去赶早班江轮。江轮码头不近，要走一段山路，我怕在这晨光未露的荒野间遇到什么，便手握一枚尖石，准备随时自卫。走到半道上还真遇到了一个早起的行人，互相看见时，我哼曲，他咳嗽，都为壮胆，等擦肩而过，才一起回头，对视一笑。

到了码头，人山人海，买票上船后并无插足之地，我好不容易在船尾甲板边找到了几个箩筐外面的一个空角，把脚伸在船舷外面能够勉强"危坐"。已经几夜没有好好睡觉，但此时看着江水头脑还是非常清醒。我觉得，除了傩戏的材料需要补充到自己的研究著作中之外，我的整个学术研究方式也应该有所改变了。那彻夜的傩仪，那朴拙的锣鼓，包括身后这拥挤的人潮，为什么离书斋著述那么遥远？书斋著述可以修补文化的短缺，但文化的最终目的是什么？永远地旁征博引、精微推断吗？书本的真实性究竟有多少？如果大家都钻在书本里，那么，又该将这苦难而神圣的大地置于何处？

我想，我的书斋著述已经太多太多，应该从事实地考察了，或者，应该从事社会实务了。

我想，在中华文化比较像样的时代，总有很多文化人在行走，在考察，在从政；而在中华文化比较沉寂的时代，文化人中一批成为政客或文痞，一批则躲进书房，独善其身。

我知道，离开书房，风险很大，但总应该有不怕风险的勇敢者。我要以老一代学者难于想象的行动，来开拓新时代应该有的文化风尚。

——这么想着，心里产生了一种喜悦。八年前我也是在江轮上下决心独自攀登学术殿堂的，八年后，同样在江轮上，我又下了独自出走的决心。这条江，长江，对我太重要。以后有关人生的大问题，都要放到长江上来思考。

三

这次想好了，回来，先好好睡一觉，然后把傩戏的那篇研究论文写出来，算是一个了结。接下来，我就要从书房出走了。怎么出走，还不知道。

一切计划都会被打破，你看我一回家又必须挤车去学院了。去学院，很多事情很琐碎，例如有好一阵子，往往是我们系的一位老教师为了在他的朋友面前显示他能领导和差遣多少青年教师，要我们去陪坐的。他私底下对我们很客气，但一有老朋友在场，总要板起脸来对我们说：

"小余，上次要你整理的材料完成了吗？"

他关照过，在这种场合，不管他问什么，我们都要答应。尽管他永远不会整理任何做学问的材料。

"快——快完成了，"我表现得虔诚又惶恐："只不过第一百零八章后面有几条拉丁文注释我不认识，要请您老师过目……"随口讲了一百零八章，当然是因为想到了《水浒》。说拉丁文，没有理由。

他慈祥地点点头："青年教师一头的学术研究任务，你帮我管一管。你们的表现，我会及时向系领导汇报。"

说完，他会用含笑的眼神看着他的朋友们。

当然，这是一年前的事了。近一年来事情有点变化，他的有些朋友已经读完我的那四部学术著作，他没有读过；而我，也不大适合再开"拉丁文注释"的玩笑。

换了三趟公共汽车，终于气喘吁吁地推开了系办公室的门。没什么人，只有一位姓栾的女秘书在。

小栾说："要你到上海音乐学院招待所，去见一位文化部来的领导。"

"什么时候？"我问。

"立即。"小栾说。

"与谁一起去？系里谁带队？"我想一定是开座谈会。

"系里只有你去。"她说。

"那么其他系里还去谁？去哪里集合？"我又问。

她说不清楚，要问学院办公室。拨电话问完，她告诉我，全院也只去我一个人，要自己找去。

四

我好不容易找到了上海音乐学院的招待所。按照小栾告诉我的房间号码敲门，见到了一位文质彬彬、气度高雅的长者。他叫方千，国家文化部的教育局局长。

当时高校的招待所实在太俭朴了。这间房子里有一张塑料皮包的沙发，弹簧都露在外面了，不能坐。方千局长有点胖，坐在一张木椅子上很不舒服，不停地变换着姿势，这使谈话变得很随意。

他要我谈谈对学院领导班子的看法。

这是我意料之中的，上级领导机构总要经常向群众征求意见，只是没想到这次是局长亲自征求，而且一对一谈话。

我想，在这种场合不要信口开河地伤着了谁，而且我也确实不太了解情况，便说，自己一向忙于教育和学术，连系领导也见得很少，对院领导只有一般印象，例如，已故的苏院长很好，现任的何添发书记很好，有一位院长当了不久就被你们文化部突然撤职，也不知道什么原因。

方千局长把椅子向前顿了顿，立即毫无忌讳地向我说了原因。这种领导层的事，对我这个群众也这么坦率，我有点惊讶。为了回报他的信任，我也就说了一条意见："上级向高校指派领导，至少要有一定的文化水准。在苏院长和何添发书记之间，还派来过一位书记，他的文化程度就太低了，有一次在会议上居然与我争论，硬说现在是 19 世纪，理由是现在叫 19××年⋯⋯"

方千局长笑了，说："这样的事情再也不会发生。文化部决定先在你们学院做试点，在全体教师、干部、职员中做民意测验，看大家最满意什么样的人做领导。从去年年底到现在，已经悄悄地测验了三次。"

我暗自一惊，心想这期间我只要有空就到外地考察傩戏，一次也没有赶上。

五

"三次民意测验，名单完全一致，我们心里也就有了底。"方千局长说到这里，伸手捋了捋头。他在说话过程中，一直有一些很随意的手部动作，像是为了让血脉畅通。好多长者都有这个特点。

捋完头，他向我一笑，说："有个人三次都名列第一，你知道是谁吗？"

"谁？"我饶有兴趣。

"你。"他用手指轻轻地点了点我。

我一愣，很想辨别他是不是在开玩笑，但立即知道不是。我以前并不认识他，没有开玩笑的基础，而且谈话到现在，也还没有出现开玩笑的气氛。

于是我结结巴巴地解释起来："这不能算数。我名列第一，只有一个原因，那就是我没有做过官。只要做过一下，哪怕是再小的官，大家也就识破真相，不再投我了……"

方千局长站起身来，提起热水瓶给我和他自己加了水，却不再坐下，很正式地给我说了一段话："文化部领导和上海市委考虑到你的年龄优势和学术成就，本来就对你有兴趣。曾经.对你在'文革'中的表现进行了严格的审查，一切满意，早已作出过决定。没想到你的群众基础也那么好，因此，你要准备担任行政领导职务。"

我想，前一阵道听途说，系里缺一位年轻一点的副主任，一位老教师朝我使眼色，还附在耳边轻声说："我提了你。"难道，这位老教师的提议成真？

我决定推托，却始终没有弄明白一个根本权限：选一个系的副主任，哪里需要出动国家文化部的教育局局长本人？

方千局长终于站立着说出了最关键的一句话："现在我正式转达北京和上海两方面领导的共同意见，决定请你出任上海戏剧学院院长！"

六

离开音乐学院招待所的时候已经下起蒙蒙细雨，但我没有去乘公共汽车，只是一人茫然地在细雨中走着。在猝不及防的惊讶中，方千局长后来说的话我听来似云烟缥缈。他仿佛说，没有行政经验不要紧，可以先做一段副院长作为过渡。又说，做了院长，还能从事学术研究，可以把行政事务分配给各个副院长……

方千局长在我失神之时还说了一段企图吸引我的话，我后来回想起来总想发笑。他说："院长不忙，那是一种学术荣誉的象征，只与国外同等级的专家交往。院长一具体，就不是好院长了……"

为什么后来回想起来总想发笑？几乎所有做过当家官员的人都明白：我们国家太大，机构繁复，一所高等院校有无数个"上级"，每个"上级"只要有紧急事务，都会下令由院长亲自负责，不得由副院长代替。这种紧急事务，当然不是学术。结果，凡是防火、防盗、计划生育、传染病、校区建筑安全、学生间的殴斗行凶、食堂的伙食质量……全要一一过问。一件也不能丢开。当然有副院长，但他们只是按照你的意思在办。

到那时，还找方千局长论理吗？这位忠厚长者很快就退休了。

但是那天晚上，我还没有这种预感。虽然没有预感，我也没有答应方千局长。

他对我的拒绝有点惊讶，让我回家好好考虑一下。

不必等到回家，我在蒙蒙细雨的淮海路上已决定再度拒绝。

但是，第二天方千局长已经回了北京，委托与我继续谈话的是胡志宏先生。胡志宏先生原是上海教育卫生办公室的领导，现在具体来管理我们学院。

胡志宏先生可能参与了对我履历的审查，对我的过去很了解，因此动员我的话语也更知心，比方千局长更能打动我。虽然一锤一锤地打动了我，却还无法让我答应。

都说是这个学院重要，由国家文化部和上海市政府共管，但我可以想象，共管的结果一定是谁也不会真心管，两方面客气地推来推去，其实是由院长独立当家，这副担子实在太重。

"不要在乎上面，"胡志宏先生说："你不为苍天为黎民。"

这话就很能打动我。他知道我历来不在乎官场伦理，却会重视民意测验加给我的责任。

为了避一避他的锤子，我只能拿出最低俗的理由："做行政工作是当公共保姆，太苦了。"有时，低俗能招架一切。

"我不入地狱谁入地狱！"胡志宏先生又一锤打中了我，他知道我心中本有这种牺牲自己的豪气。这种豪气正可用来抹去一切艰辛，让你不好意思再说一个苦字。

但是，我还是摇头。

七

学院里上上下下都知道了，知道我的被选中，也知道我的拒绝。大家都等待着，很有耐心。

据说现在很多单位选拔官员的时候，刚有选拔意图，那个被选拔对象就会成为众矢之的，大量的检举信、揭发信都会以匿名、具名、联名的方式纷纷投寄到选拔机关。相比之下，当时的上海戏剧学院真是太纯净了。我拒绝了整整四个月，也就是留出了改换名单的四个月的空间，居然没有出现一个否定意见，也没有出现一个替代名字。

当胡志宏先生告诉我这个情况的时候，我环视窗外的校园，有点感动。

最终起关键推动作用的，是张廷顺老师。记忆中，在我十六岁进这个学院读书的时候，他已经是教务处长。"文革"结束后的"两个凡是"时期，我受到几个没有改变"文革"立场的人的审查，张廷顺老师负责学院清查工作，曾与他们遭遇，张老师厉声质问他们："小余是我们学院的人，他在'文革'中的表现我可以担保，请问，你们是谁？'文革'时期你们在哪里？为什么要查这么好的人？我们学院谁委托你们查了？"那几个人被这个山东大汉问得怏怏而回。张老师质问那些人的事情，是当时在场的一些工作人员告诉我的，我却一直没有遇到张老师。据说他身体不太好，需要经常养病。这么多年过去，那天正是我拒绝出任院长四个月后，在学院的大草坪边遇到了他。

他拉着我走到一棵树下，说："我找了你好些天了。这个学校，几十年都没有安定过。你们也可怜，没上过什么正经课，全靠自学。我这个老教务处长，于心有愧！"

这么一个悲情的开头，使我只想找话安慰他。但他没等我开口，又说下去了："几十年折腾的结果，使整个学院帮派林立，没有一件事情能够取得一致意见，每次开会都吵得脸红脖子粗。

现在，终于有一件事取得一致了：大家都选择了你。你再拒绝，就不好了。"

"只要你答应做院长，"张廷顺老师说："我还可以再一次出马，担任教务处长，补一补几十年的遗憾。当然这要你们考察审定。"

"张老师，别这么说，别这么说……"除了这句话，我不知道如何回答他。

我的同班同学惠小砚从外地回上海，见我正在为如何有效地拒绝任命而苦恼，便爽利地说："想不做官还不容易？我到学院里去说服老师，别把一个做学问的书生拿到火上去烤！"

但是下次见面，她却对我说："做吧。"

我问她为什么，她说在学院里遇到一群女老师，都这样回答她的劝说："我们是看着他长大的，放心。"

惠小砚说："这年月，一个人让那么多人放心不容易。"

八

我终于告诉胡志宏先生："让我做半个月的调查研究，再决定。"
胡志宏先生厚厚的眼镜片后面闪出愉快的眼神，说："好。"

我先直奔南京路、福州路的几个大书店，找到教育学的专柜，把有关中外办学经验和办学规范的书籍，全都买来。这时我才发现，这方面的书居然出了不少，而且由于"文革"后一切重起炉灶，全是新书。从外国名校的运行规则、联合国教科文组织的会议文件，到这些年国内高校进行教育体制改革的调查汇编，十分齐全。我认真地读了整整五天。高等教育，这个我既熟悉又陌生的天地，第一次以一种高层逻辑展开在我眼前。在这种阅读中，多年来的学术思维帮了我的大忙，我已习惯于在一片纷杂的实际疑问中寻找逻辑支点。只要找到了逻辑支点，没有什么问题不能解决。在国内高校中，我觉得，华中理工学院的教育改革经验比较切中要害。

然后，我就开始找学院里的各色人等谈话，从老教师到中青年教师，从系主任到总务处职员，尽量不遗漏任何一个群落。每次谈话我都劝阻他们发牢骚，也婉拒他们对我个人的鼓励，而只是排列各种有待解决的问题，区分这些问题的主次缓急，然后再一起探讨解决的方法，方法越具体越好。

半个月的感觉一言难尽。如果打一个比方，我原先只是躲缩在一条大船的某间舱房里用功，虽然也能感觉到船在晃动，却不知道所处的位置，行驶的方向，海域的风浪，天象的变化。现在，我登上了船顶瞭望台，看清了这一切，又问明了航海规则，突然觉得不应该再一言不发地躲缩回自己的舱房里去了。

后来回想，才知道，我同意调查研究，其实已经没有回头路。怪不得胡志宏先生有那么愉快的眼神。

那天，我要回答他半个月前的眼神了，说："好吧，开一个全校大会，我作施政报告。"

施政报告的题目叫《我们别无选择》。那口气，那声调，很像是从船顶瞭望台上发出的。报告那天，据说连全院所有的清洁工人、汽车司机也都自发地挤到礼堂里来听了。

这个报告，立即受到了当时的上海市教育卫生办公室负责人、现在的复旦大学校长王生洪教授的高度评价。他在同济大学专门召开全市高等学校校长会议，对这个报告作了详细的介绍。

那么，我，也就站在驾驶舱里了。而且，我知道，附近海域的其它船只，也都在倾听我们这艘船发出的信号。

九

当然还得回到自己原先居留的"舱房"收拾一下。

这一收拾，又依依不舍了。

我对何添发、胡志宏这两位同事说，先得给我一点时间，把一篇重要的学术论文写完。这篇论文，就是我考察傩文化的总结：《论中国现存原始演剧形态的美学特征》。它的中文本，发表在北京的《戏曲研究》学刊上，它的英文本，发表在美国夏威夷大学的《亚洲戏剧》学刊上，题为 Some Observations on the Aesthetics of Primitive Chinese Theatre，很多外国同行都读过。

写这篇论文的感觉，与我以往写那么多学术著作有很大的不同。笔下的主要素材，不是来自别的书本，而是来自我本人的考察。因此，这就成了我向国际学术界所作的一个发现性报告。我知道在现代学术等级上，这种报告的地位最高。

这篇论文向我开启了一个现代学术等级，但我却要离开。我在高高的书架前不断抬头仰望，心想这些由我一本本小心搜购而来的书，以及由这些书组成的那种氛围，那种气场，那种生活方式和心理方式，都将弃我远去。表面上，它们都在，但我不在了，我的心不在了，它们也就形同虚设。

从今以后，我只能在办公桌前、会议室里、演讲台上，偶尔想起，想起这破了围的氛围，漏了气的气场。半夜回来，照样居息，却不敢再抬头仰望。

这等于一个领主拔离他的营寨，一位酋长告别他的邦国，频频回首，茎断根连，夕阳故国，伤感无限。

既然代价如此之大，那么，我只有把事情做好，心里才会略为舒坦一点。我把行政工作的每一分钟与学术研究的每一分钟，放到了同一架天平的两端：如果行政工作的那一分钟稍稍失重，学术研究的那一端就会高高翘起，连我自己也看不下去。于是，对我而言，行政工作的有效性已经直接关系到生命本身的平衡，不能有丝毫懈怠。

正因为我并不害怕免职，而只害怕低效，再加上三次民意测验的支持，一上任就是一种强势。我满意这种势头。行政工作要么不做，做了就要强势，否则便是浪费，浪费自己和属下的生命。

还是回到航船的比喻：谁会把一艘装满乘客的船，交给一个犹豫不决的人？谁会把一个连接生命的舵，交给一双软弱无力的手？

十

我走遍全院，左思右想，决定了全部行政工作的入口点，那就是：迅速简化整个学院的人际关系。

乍一看，入口点不应该放在这里，而应该放在教育改革、人才引进、精简机构、提高待遇等项目上。但我敢于担保，不简化人际关系，这一切都做不好，全会变成一片吵闹。公开的吵，暗地的闹，直到最后只得反复谋求平衡，把每件事情的良好意图一一消耗。

这是中国的国情、普遍的民情，似乎谁也改变不了。即便是最没有人际关系色彩的教育改革，一动手也会被人际关系的网络缠住。什么课程的优劣，立即变成了谁的课程的去留。业务水平的考核，也会变成谁整谁的问题。可以设想，这一切会引出多少私下聚会、暗中串通、公开顶撞、以牙还牙？因此首先要整治的，恰恰是这个足以把一切事情陷没的泥潭。

我发现，在高等学校这样的机构里，一般的人际关系虽然复杂却不至于频频左右全局，如果频频左右了，一定是领导者本身把它强化的结果。

很多领导者为了自己的权威，会若明若暗地培植亲信。这是一个单位人际关系恶化的重要起点，因为这种培植的举动人人可以看到，而亲信之所以成为亲信一定时时有所动作，处处有所炫示。亲信一旦产生，又会渐渐扩大为圈子，圈内圈外会有磨擦，不同的亲信间也会争宠，在这种情况下，如果领导者还想利用磨擦和争宠来办事，那么整个单位已经不可收拾。

上海戏剧学院的人际关系也堪称复杂，但是"文革"灾难打倒一切，反倒把它简化了。现在灾难刚过，大家同仇敌忾，共同语言还没有消散，正是继续简化人际关系的大好时机。这个时机一旦错过，再也追不回来了。

由此，我和我的同事们制定了一系列看似怪异的行为规则。

例如，我在施政报告中宣布，我们上任后，愿意听取一切意见建议，院长办公室的门永远敞开；但是，如果有谁到院长办公室里来说某某教师的不是，我们会立即起身，请他离开。

我说，学校里如果真有歹徒恶行，可以报告保卫部门和检察部门，如果事情还达不到向他们报告的程度，那么更没有理由向院级领导报告。

我说，以前在评定专业职称过程中，总有不少教师向学院领导报告自己的业务成绩，指责同一个教研室的其他教师的业务水平。今后，只要还有教师向我作这种报告，我在职称评定中一定不投他的票。因为并不是所有的教师都报告了，他的单独报告制造了一种不公平；他对其他教师的业务指责，更是一种缺席审判，这是第二层不公平；他想左右我的投票，形成了一种信息引导，这是对我的不公平。想要克服这三层不公平，我唯一的办法是对他进行否决。

我说，我要用实际行动让全院上下放心：院长办公室里的全部谈话，对他们每个人都是安全的。

这种公开宣布，效果很好。在我任职几年间，没有一个人在我面前说过另一个人的坏话，也没有一个人能够指出谁是我的亲信。

有时，人们出于以往的语言习惯，说着说着就牵涉到别人的长短，或开始对我有所奉承，我会微笑着伸手阻止，立即转移话题。几次一来，大家开始习惯我，习惯于在一切领域对事不对人。

对此我有点矫枉过正。其实我心底也有对人际关系的好恶评价，有时还很强烈，但我明白，这一切都不能影响行政行为的走向。行政行为越干净，就越公正。

我和我的同事都知道，在国家政治大局上，"以阶级斗争为纲"的方针已经停止，但对于每个基层单位，"阶级斗争"的残酷性、普遍性、延绵性依然存在，起因全在于恶化了的人际关系。因此，我们的矫枉过正，是在结束一段历史，截断一种灾难。再过分，也值得。

相信上海戏剧学院的教师们在回忆我任职期间的成败得失时都会肯定这一点：那几年虽然还有诸般不是，却因为几乎没有人际争斗而轻松愉快。

十一

这是一幢三层小洋楼，三十年代一位在上海工作的德国工程师的住宅。院长办公室在二楼，一个小套间。

打蜡地板、钢窗、壁炉，小套间里有两个卫生间，纯粹的欧洲气派。在我做学生的时候，坐在这里的是老院长熊佛西先生。那时上海早已受极左思潮统治，熊佛西院长没什么权力，只是小心翼翼地看管着窗下的这个小院子。小院子里有一条弯曲的小路穿过草坪，有的同学抄近路踩踏草坪了，就能听到头顶传来一个苍老的声音："同学，请不要破坏绿化！"

后来，他觉得窗口喊叫也不文明，干脆就在这条小路上来回散步，做一个"护草使者"。我们碰到他，叫一声"院长好"，他会慈祥地询问："哪一个系的？哪一个班级？叫什么名字？几岁了？"

过了五分钟，我们拿了一本书返回，又碰到他，再招呼一声，他又慈祥地询问："哪一个系的？哪一个班级？叫什么名字？几岁了？"有时为了一件什么事来回穿行几次，他都是如此慈祥询问，不知内心是否怪异：同名同姓的学生怎么那么多！

听老师们说，学院从横浜桥搬到这儿来的时候，市政府原本划出的地很大，把现在的华东医院、华山医院门诊部、上海宾馆、静安宾馆、希尔顿饭店的地域全部包括在里边了。熊佛西院长背着手走了一圈说："这么大，谁扫地？"

这么昂贵的黄金地段被老院长放弃了，一直让后任者一次次扼腕，但我倒能领会这位前辈书生的观念：办学校，一要种草，二要扫地。这个观念十分环保，十分节俭，因此也十分现代。

我站在窗口想了一会儿，便转身坐在办公桌前，打量起这间屋子。刚才进来时我没有把门关死，留了一条缝，这也是因为想起了熊佛西院长的一件往事。

当时熊院长坐在这里，服务员老杜每次都不敲门，一拧把手就进来了。熊院长对此颇为恼火，一次次告诫，但老杜实在想不出敲门的理由。他觉得自己既不是客人，又不是汇报工作，只是来送开水、擦桌子的，当然是越轻越好，敲门干什么？因此到时候还是下不了手，只是把动作放得更轻，试图在熊院长毫不觉察的时候做完他要做的事。可想而知，这种蹑脚屏息的状态更把熊院长吓得魂飞魄散，一怒之下命令老杜退回门外，敲三下门，听到屋里说"进来"，再推门。但是，可怜的老杜试了几次老是觉得不是味道，总是期待着熊院长不在屋里的侥幸。可惜，熊院长每次都在，最后只得让老杜离开院长办公室，到理发室去了。老杜很快学会了理发手艺，直到我们做学生的时候去理发，他还在一次次感叹："熊院长真是奇怪，他在屋子里又不做坏事，老要我敲门干什么呢？"

后来坐在这间办公室里的是苏坤院长，一位河南来的革命军人，在军队里领导过一个剧团。他与熊院长就完全是两路人。他也有一个服务员，是他在军队里的马夫，姓张，跟他一起进了上海。听老师们告诉我，当时英武魁伟的苏坤院长在礼堂里向全院教师做报告，气氛庄严，北方口音在上海人听来是一种天然的领导者语言，大家都恭敬地做着笔记。突然，礼堂后面响起三声敲搪瓷碗的声音，紧接着传来一个沙哑的河南口音："团长，别说了，吃饭了！"

全体教师愕然，苏坤院长则一笑，停止报告。

老张觉得团长还是他的团长，便乐呵呵地跨着牵马般的步子，朝食堂走去。

苏坤院长出于好奇，用过办公室里的这个壁炉。麻烦的是找不到柴禾来烧，伙房里也没有，那里用煤，因此还是要请老张去拾捡枯枝。当壁炉终于点燃起来的时候，苏坤院长通知其他干部一起来取暖，北方来的干部们早就受不了没有取暖设备的上海寒冬。据说那次坐在壁炉前的干部们坐下后的第一件事就是脱下鞋子、袜子向着火焰烤，因为最冷是脚。人多势众，那味儿，使苏坤院长不敢再试第二次。

苏坤院长爽朗可爱，一直保持着河南人的习惯，平生饮食至爱，是油条和豆浆。他认为，真正的理想国，应由这两样东西组成，当然也可以再加一点其它东西。就在我担任行政工作前几年，他还在做院长，亲自写了一首校歌，让全体同学学会，准备在院庆大会上全场齐唱。那时已经改革开放，同学们的顽皮劲头勃发，不知事先有谁组织过，那天全场唱出来的，居然齐刷刷的是河南方言！对此，苏坤院长一点也没有生气。

"浦江之滨，有一座艺术殿堂……"过了很久，校园里还有学生边走边用河南方言哼唱着。

想到这里我笑了出来，没想到门外传来一个响亮的声音："报告！"

我一时没回过神来，想不到这声音与这屋子的关系，与我的关系，只当是门外有表演系学生在练台词。

"报告！"又是一声，更加响亮。我突然想起当年熊院长要老杜敲门的事，觉得这声音似乎与我有关。

"进来！"我说。

进来的是一位老人。我一见就站起身来，却不知叫他什么合适。

他姓吴，在我考进这所学院的第一天，就见到了他。他是我要就读的那个系的党支部书记，也是一位老资格的革命军人，是我们这些学生平日能见到的最高领导。"文革"中当然被作为"走资派"而打倒，但始终没有成为焦点，"文革"结束后那么多年，一直没有见着。因此，今天看到他突然站在面前，我立即回到了刚刚考上大学的那个时候。但是他，居然用军人的姿式向我"报告"！

"院长，"他说："我向你检讨！"

"吴老师"，我终于憋出这个称呼来了，尽管他从来没有做过老师。他早已离休，我上任时翻看各级干部名册都没有他的名字，因此叫老师比较合适。"请坐，慢慢讲。"我说。

他说他犯了一个错误，离退休干部们不放过他，要求学院给予公开处分。他来找我，一是检讨，二是表示愿意接受处分，三是希望这个处分不要张榜公布。

"到底犯了什么错误？"我问。

原来，一位老战友病逝，他赶回家乡去送葬，回来时另一位老战友出点子，说自己的儿子是火车司机，让他坐在驾驶室后面的角落里回上海，不用买车票了。他真的这样做了，却想不到，到了上海，没有车票是出不了站台的。他被火车站当作逃票者扣押，后来只得由学院派人领回。领回后，老干部们一片哗然，认为他丢了老一代革命军人的脸，不仅要处分，而且要开批判会。

"其实这事用不着找你院长本人，我……"他显然已经被一批与他同资历的老干部搞得很紧张。

"吴老师，你应该找我。我保证，你不会为这事受任何处分。"我把手搭在他的肩上。

我无法向他说明理由，便把惊讶不已的他送出了门。

理由很简单，这是贫困造成的，与品质无关。

革命军人进驻上海后，虽然做了干部，有很大一部分还过着相当艰苦的日子。照理，他们的薪水在当时不算低了，但如果婚姻不太美满，又要抚养一个不小的家庭，情况就很严峻，这位吴先生就属于这种情况。我还记得做学生时有一年春节给各位师长拜年，其他老师家都会端出一点糖果，而他家端出来的却是一小碟"炒米花"，可见家境拮据。

他用几十年前做军人时的一声"报告"，不经意地提醒我，他一直处于军人般的清寒之中。这样的事情本来我只需同情，不必负责，但他向我"报告"了，因此又不经意地提醒我，从此，这个院落里的很多喜怒哀乐，都与我有关。

人际关系，并不是我想简化就能完全简化。你看这位吴先生，差一点就要接受处分和批判了，而且，说起来，处分和批判都有理由。

但是，我要用更大的理由，来消除这些理由。

更大的理由是：在这个不大的院落，再也不希望看到斗争和批判。

<h2 style="text-align:center">十二</h2>

吴先生走后，我又站到了窗口，再一次看着这个不大的院子。熊佛西院长多么想让这里变得葱茏整洁、文明雅致，但结果呢，多少呼啸、狂喊在这里发出，多少冤案、惨祸在这里产生。我又沉陷到那血泪斑斑的岁月中去了，当时，这间屋子是造反派的司令部，后来，是所谓"革委会"和"工宣队"的办公室。

现在总算安静了。

能一直安静下去吗？

能出现熊佛西院长理想中的世界吗，连进门都要轻轻敲三下？

正这么想呢，"笃、笃、笃"三下，真有人敲门了。

已经受过"报告"的惊吓，这下我从容了，松松地叫一声："进来！"

我扭头一看还是站了起来，进来的是导演系的薛沐老师。

薛沐老师与我私交很好。在那么多老师中，熟悉学院历史上的每一个重大关节、重要人物，却又能不掺杂自己感情作出冷静评价的人并不多。导演系却有两位，一位是胡导老师，一位是薛沐老师。胡导老师我接触较少，但我每次发言和报告时只要看到他在场，总会特别注意他的表情，因为他历来最为客观、公正。薛沐老师曾多次与我相伴到外地讲学，客舍空闲，时时长叙，无话不谈，便成密友，尽管在年龄上他是我的长辈。

他受过很多苦。50年代初"镇压反革命"时期，学院内一位清室弟子疑点甚多，被人揭发，蒙冤入狱，他受不住逼供，胡乱交代说，曾与薛沐老师和陈古愚老师一起图谋成立一个地下组织迎接国民党回来。幸好这份交代破绽太多，没法定案，但薛沐老师已成为可疑人物，到 1957 年加上其他揭发，就被划为右派分子。右派分子在"文革"中的遭遇，当然不必细述。历尽如此灾难他还能保持冷静，真是难得。

"头开得非常好。"这是薛沐老师对我上任的称赞，"我看出来了，你在转换一个根本性的思维。过去历届的领导想的是，重新评判历史，你想的是，彻底了断历史。"

"到底是你眼辣。"我说，"但是，有了他们的评判，我才能了断。不了断，老评判，没完没了，只能延续灾难。只有了断，才是对过去的最大评判。"

"是啊，解放初期斗争最卖力的人，反右斗争中被抓住了把柄；反右斗争的积极分子，在"文革"中又成了黑党委的爪牙；"文革"中反对造反的，很快被批判为反对革命路线；支持造反的，工宣队一来又成了五一六分子……闹来闹去，活像一个轮盘转，全都成了牺牲品。只有一帮特殊人物一直活跃，那就是永远在揭发，永远在批判的人。你把轮盘转停住了，他们就没有空间了。"

薛沐老师这番话，又一次表现出了他出众的冷静和睿智。

"薛沐老师，你讲得很好，但我主张的了断争斗，并不是我的发明。你没听说邓小平一再强调'不争论'的原则吗？这就从根本上阻断了那帮以争论为业，以批判为生的人的很多门路。我们也要阻断。"我说。

这时，薛沐老师伸出一个手掌，按在我的手背上，说："我今天找你，是想主动要求在全院大会上发个言。这个发言的题目是《我们过节了，我们到家了》，行不行？"

我知道这是他对我的声援，连忙说："太好了，谢谢！谢谢！"

十三

薛沐老师的发言赢得了全场长时间的掌声。他那次关于"轮盘转"和"特殊人物"的谈话，一直印在我的心里。

我希望那个"轮盘转"真正停住，停在我们这代人手上。

现在真的停了吗？

我想到了一个可疑的角落。那就是：我们在处理"文革"时期犯错误人员的时候，有没有延续以往的错误？

一个约定俗成的习惯是，我们每次在纠正前一次错误的时候，总是把纠正过程中发生的不公平不当一回事。因为前一次错误还历历在目，至少在情感上掩盖了新的不公平。其实，"轮盘转"就是这样转动下去的，那批永恒的"特殊人物"也就是这样一次次找到自己新的揭发空间和批判空间的。

我们学院所有的造反派学生一个也没有留校，全分配出去了。现在我看着窗外的校园产生了一个想法：他们，即使是犯了严重错误的毕业生，能不能依然把这个院子当作他们的母校？而母校，能不能真正像母校那样给他们足够的温暖和关爱？

我心中的回答是肯定的。

至少有一个参考坐标。那些被错划为右派的教师平反后，并没有惩罚那些当初批斗他们的教师，彼此之间虽有芥蒂却并无对峙。但是，这个参考坐标似乎不适用"文革"中的造反派，这不公平。

今天，我做了院长，在这间屋子里办公，但我知道，一个人在"文革"中如果参加过造反队，做过一些过分的事，说过一些过火的话，现在连做一个副科长都不可能，尽管事情已经整整过去二十年。这种事情，只要有一份检举信，便立即奏效，连已经通过的任命也要否定。在斗争欲望、防范意识、忌妒心理都超浓度积聚的土地上，这样的检举处处可以引爆，而且必然夹杂着大量的揣测、想象、夸张、推理、诬陷、诽谤。

可庆幸的是，我的同事们对此有一些基本共识。善良的何添发书记在"文革"中也和我们一起与造反派抗争，不久前有人敲开了他办公室的门，一看，是当年学院的造反司令侯先生。两个昔日对手，今日四目相对。侯先生问："像我这样的人，如果想申请一份毕业证书，也能申请到吗？现在找工作需要。"

何添发书记一笑，说："为什么要申请？我替你留着呢，只是找不到你。"说着，转身就从一个抽屉里拿出了侯先生的毕业证书，用双手郑重递给他，并与他握手。侯先生不断感谢。

我知道这事后当面赞扬何添发书记："你把造反派司令的毕业证书放在手边，时时准备补给，这事很有象征意义。这是一段历史的'毕业'，而我们是颁发者。"

一次我去广西讲学，报告结束前有一个中年男子站起来提出几个水平很高的学术问题，我作了回答。主持者告诉我，他是该省顶级的美术设计师，毕业于上海戏剧学院，只是一直有人揭发他做过造反派头头，因此无法提级、重用。

我问了这个设计师的名字，一听大吃一惊，原来是他，我居然没有认出来。当夜，我就找了该省文化厅的周厅长说了一番话。我说："他做过造反派常委，我当时属于他们批判的对象，无缘相识，但今天却要以学院院长的身份郑重证明，他没有做过任何坏事，而且早早地贴出声明退出了造反派。他年岁比我大，已经是一个头发斑白的老人了，惩罚了那么多年，够可以了。别再听那些没心肠的揭发者。"周厅长不大了解这个人的情况，但完全同意我的意见。

后来这位设计师到上海举办个人画展，点名要我剪彩，我二话不说，立即前往。

　　同样，我向山西电视台陆嘉生台长为一位从我们学院毕业但我却不认识的优秀编剧开脱，认为他虽然如揭发者所言，曾在造反派报纸上写过几篇应时小文章，但他那时的左倾观点绝对不会超过当时的《人民日报》社论。因此，他毫无责任。更何况，他后来的全部剧作都充满了人性的光泽。我们难道要用他早年的几声追随，来抹杀他成熟后的几十万言作品？

　　由于有人揭发我们的一位毕业生在"文革"初期上初中时参与批斗过老师，他现在在报社的工作都产生了问题。我们学院无权证明每一个学生在初中时的行为，而且这位学生也没有向我们求助，但我听说后立即以院长的名义给他们的社长丁先生写了一封信，说："算下来，他上初中时还只有十三岁。如果一场民族大灾难要一个儿童来分担，而且分担几十年，那就证明，灾难还在延续。"据说，丁社长在编委会的全体会议上朗读了我的这封信，结果皆大欢喜。

　　一位中学英语老师汪先生在改革开放之初就报考了我们学院的研究生，正准备录取，就有揭发信说他有政治问题。我当时已经在忙研究生的招考工作，亲自赶到杨浦区那所中学调查。中学的一位负责人说他是因为"收听敌台"被划为"现行反革命"的。其实，那只是他为了锻炼英语听力而听英美电台广播。这个结论终于推翻后，那所中学里又有人揭发，这位老师在"文革"初期也参与过批判会。对于这种永无尽头的揭发我很愤怒，再一次赶到那所中学质问：即便是他参加了那次批判会吧，两小时，但怎么不想一想，你们在"收听敌台"的事情上斗争了他多少年？稍稍一比，良心何在？

　　现在这位汪先生早已成为美国一所大学的资深教授。他执意要走，因为他对揭发、批判还是有一种后怕，又有一种预感。他走前我还想去劝阻，他说："很难说不会有政治大潮，因此还是会有很多人溅湿了脚，又总会有一批打手出现，把溅湿了脚的人一个个拉出来，让他们脱了湿鞋子挂在脖子上示众。没有人敢说，责任不在湿脚者，而在大潮。"

汪先生所说的"打手"就是薛沐老师说的那帮以揭发、批判为生的"特殊人物"，他们是灾难的扩大者，既在灾难中趁火打劫，又灾难过后到处扒挖。他们让人联想到月黑风高之夜的盗墓贼，盗掘着一座座历史的坟墓，使我们的土地到处坑坑洼洼，一片狼藉，臭气弥漫。

家乡吴石岭上盗墓贼的行为，我从小就知道。

十四

说到这里我又不能不感谢改革开放了。可能海外的中国问题研究者们并不清楚，在中国改革开放前的几十年间，压在无数人头上有三座大山，一为"阶级成分"，二为"社会关系"，三为"历史问题"。只要是城镇居民，很少有人与这三座大山完全无关。直接间接，有形无形，远近牵连，曲折盘绕，总有阴影笼罩。这就为那帮以揭发、批判为生的"盗墓贼"留出了辽阔的钻营场地。十一届三中全会前后，邓小平、胡耀邦等领导人用"摘帽"、"改正"、"平反"等一系列措施，雷厉风行地轰毁了这三座大山中的大部分，使绝大多数中国人真正解除了积压几十年的负担和恐惧，能够轻松地做人了。据正式公布的统计，其中计有干部三百多万、右派五十多万、地主富农四百多万、资本家七十多万，如果把他们的亲族和社会关系算在一起，牵涉到全中国人口的多大比例！如果没有这一系列重大行为，后来热火朝天的改革开放是无法想象的。

很多人一时简直难于相信，从此再也不要为从来没有见过面的祖父曾经在乡下买进过十亩地而一年年检讨自己与生俱来的剥削阶级的反动立场了，再也不要为妯娌的表兄抗战以后到底是去了台湾还是去了缅甸而一天天担惊受怕了，再也不要为自己年轻时曾向一家由后来被划为右派分子的学者主编的杂志投过稿而一再忏悔了，再也不要为自己在中苏关系友好时参加过某个俄文翻译组而是否有了"苏修间谍"的嫌疑不断忧虑了……这种"再也不要"的舒畅，无以言表。

我说轰毁了三座大山中的大部分，是指"阶级成分"、"社会关系"这两座大山的全部，以及"历史问题"这座大山的九成。剩下的，确实不多了，其中大半属于"文革"的"历史问题"。因此，那帮以揭发、批判为生的"盗墓贼"，几乎已经没有多少活动空间，最多，再在"文革"的"历史问题"上咬嚼几口，已经了不得了。

无论如何，这是当代中国在社会精神层面和人权保障层面上的一大进步。

那么，我可以立下一个誓言了：只要还是由我在掌管这个院子，我将决不允许政治陷害，决不允许人身攻击，决不允许谣言惑众，决不允许整人咬人。我的力量不大，但要与同事们一起，保障这个小院落里的人能够轻松、安全、有尊严地活着。

我又站起身来，走到窗边。

下雨了。霏霏细雨中的校园十分安静。偶尔有几个人在熊佛西院长守护过的小道上走过，也不打伞，也不奔跑，只是悠悠地在雨中漫步。

办公室更加安静，已经好几天没有人来敲门了。

附录二　余秋雨文

我能听到

一

一天，一家报纸的记者打来电话，说在前一天上海的分区文艺汇演中，我们学院的一些学生对不满意的节目喝倒彩，破坏了剧场气氛。报纸准备就这件事评述当代青年社会公德的沦丧，希望我也以院长的身份严词批评几句，使学院不至于太被动。

我问："对于满意的节目，我们学生叫好了吗？"

记者说："叫了。喝倒彩和叫好，都很大声。"

我说："那么请你报道，我院长和学生完全站在一边。剧场不是办公场所，不是居民社区，本来就应该接受公众的强烈反馈。莎士比亚怎么出来的？就是由伦敦环球剧场的观众一年年欢呼出来的。整部世界戏剧史，都是由观众的叫喊声筛选出来的。连戏剧学院的学生到了剧场也变得正襟危坐、不苟言笑，那还办什么戏剧学院！等着吧，过些天稍稍空闲一点，我会亲自带着学生到剧场去活跃活跃……"

记者在电话那头沉默了好一会儿，终于轻声说："说得好，真没想到！"

那篇评述当代青年社会公德沦丧的文章，终于没有发表。过了不久，一件真正的大事发生了。我接到报告，舞台美术系的一批学生到浙江一座小岛上去写生，与当地居民打群架，打不过，受了伤，已被羁押。当地有关部门要学院派人领回这些学生，并承诺对他们严加处分。

"当地有关部门的意思，拿着处分决定去，他们才放人。"学生处的负责人沮丧地说："打架是互相的，我们也不能处分得太重……"

"不，这里有鬼。"我说："小岛上，打群架？当地人多还是我们学生人多？我敢肯定是我们学生受欺侮了。立即向上海公安和浙江公安报案。根本不考虑处分，对于学生，我们的第一职责是保护！"

果然，是我们的学生受了欺侮，尽管欺侮他们的人群与当地政府有密切关系。在这种情况下，学院如果听命于当地政府，那学生们就真的是求告无门了。因此我和同事们决定，以最亲切的慰问仪式，到码头上迎回学生。那些缠满绷带拄着拐杖的学生本来是准备接受处分的，看到这番情景，热泪盈眶。

从这件事情之后，我们学院的几个领导人只要出现在学生聚集的场合，总会听到一片欢呼声。

这些事情，都牵涉到一系列观念的转变。我们自己的青春，已经在一系列陈腐的观念下牺牲殆尽，因此，当我们稍稍拥有一点权力的时候，最知道要为观念的转变作出示范。时不我待，若不采取响亮的行动，一切都会来不及。

二

记得在我担任院长之前，社会上还曾掀起一个左倾的小运动，一些"文革"时期的大批判专家又在报刊上点名批判一个个作家和一部部作品了。与此相呼应，不知哪个部门又严厉地管束起年轻一代的服装、发式来，例如规定男学生不准留胡子，女学生不准留长发，说胡子和长发都属于"资产阶级自由化"，有的学校还请来了理发师，要强行剃剪。但是"文革"毕竟已经结束，大家不愿俯首帖耳了，我的一位女同学在南京任教，居然领着一些不愿剃胡子的男学生举着胡子茂密的马克思、恩格斯的画像在校内游行，以示抗议，上级倒也是无可奈何。

上海的话题主要是集中在牛仔服上，一度居然有那么多官员和文人坚信学生穿牛仔服是"资产阶级自由化"的严重事件，强烈呼吁予以严禁。翻开报纸，一篇又一篇杂文、小品文、随感录把批判的矛头直指牛仔服，那种冷嘲热讽实在叹为观止。有的说美国牛仔有大量犯罪记录，抢掠淫荡近似日本侵略军；有的说牛仔服直接标志着"垮掉的一代"，中国青年穿上了，证明杜勒斯"和平演变"阴谋正在实现；有的杂文家更是异想天开，说过去美国人把中国劳工说成是"猪仔"，现在又让中国青年当"牛仔"，今后一定还会有"羊仔"、"驴仔"和"狼仔"；有的杂文家则独辟蹊径，说美国人自称"约翰牛"，把中国青年当牛仔其实是想"讨便宜"，用一堆劳动布换取了长辈的身份；也有杂文家比较抒情，提出了一个自以为很巧妙的口号："喇叭裤吹不响中国人民新长征的进军号角……"

就从这时候起，我对中国当代自称继承了"鲁迅遗风"的很多杂文家，再也不敢盲目恭维。他们中不少人，其实还是过去的大批判专家，只不过在腔调和形态上作了一点装扮罢了。

这些大批判专家的共同结论是要大家坚决捍卫中华民族的服装传统，但他们又明确反对舞剧《丝路花雨》所传达的唐代服饰的"妖冶"，因此只捍卫"中山装"。他们所说的"中山装"又不是孙中山穿的有很多纽扣的那一种，其实在我看来还是在捍卫"文革衣冠"。

这种大批判发展到后来连西装也否定了，认为中国人流行西装是崇洋媚外的"西崽相"。"为什么不能让欧美人士穿一穿孔子、屈原的服装？"这是他们最得意的爱国主义语言。

幸好后来从可敬可爱的胡耀邦先生开始，多数中央领导人出场也穿了西装，那些大批判专家才一时语塞。但是，中央领导人没有穿牛仔服，大批判专家们依然对牛仔服恶语滔滔。我当时还不大了解牛仔服，但太了解大批判专家的惯常做法，又坚信时代已经变了，便到静安寺的一家百货公司买了一套穿上，再动员学院内几个年轻一点的教授一齐穿上牛仔裤在校园里大摇大摆，人称"牛仔教授"。当时教授人数少、威信高，那些大批判专家也奈何不得。

这样的事，等到我担任院长，就不必做了。既然掌了一点权，就用不着采取抗议形态，只须在行政行为中表明取舍爱憎就行。

例如有一次在院长办公会议上，一个干部说到舞台美术系某青年女教师行为不端，居然在学生宿舍里与男友拥抱接吻，被一个学生在钥匙孔里看到，这就为学生做了反面示范，应该批评。

我对大学里某些干部喜欢查缉年轻人恋爱的嗜好最为反感，认为这种中世纪修道院式的变态窥视心理最容易扭曲校园里正常的青春气韵，因此除非不让我听到，只要听到，我总会抓住不放，予以呵斥。这次我又一次抓住了，而且与往常一样问明了真相，然后在办公会议上说了一段话，这段话后来在校园里引起很大的反响。

我说："女教师谈恋爱，天经地义。我作为院长无法分配给她一间单独的宿舍，耻辱在我，而不在她。对于那个在钥匙孔里偷看人家的拥抱接吻并来汇报的学生，应该给予口头警告处分，责令今后不准重犯。如果重犯，必定严加惩罚。哪个教师或干部如果唆使学生去偷窥别人隐秘，也将受到处分。请把我的这段话，传达到全院所有的中层干部。"

三

这一系列做法终于被一些学生误解了，他们以为我总会偏袒他们的一切调皮捣蛋行为，于是，活跃了的校园渐生邪恶，而且传染速度很快。

这便是我一直担心着的一个悖论。

"又打群架了！"学生处负责人向我报告。这个"又"字，使我回想到浙江小岛。

这次的事情发生在女生宿舍。一间宿舍里住了六个表演系的北方女学生，五个已经有了男友，谈笑不离恋情，一个没有，无法参与谈笑，却与带班老师有过几次长谈。五个女生怀疑她去"告密"，联想到我反对学生窥探他人隐私向老师报告的往事，以为可以不必麻烦院长，应该由她们来惩罚，便把拳头伸向了那位无辜的女生。

五人一旦出手，也就变成了一场显示拳脚功夫的比赛，结果，那位被打的女生被送到华东医院，医生一看那累累伤痕便惊叫起来。

我一听就愤怒极了。毫无理由地五个打一个，而且出手如此凶狠！当事情越出了人道的边界，我怎能宽容？

更何况，她们才入学不久，而我们学院根据艺术专业的特殊性，第一年本属试读。表演系主任看出了我内心的决断，不断求我网开一面，只作违反纪律处理，"记大过"、"留校察看"都可以，却不要……

我知道他们的意思，只要不开除，怎么都行。理由是，他们都还年轻，不要影响她们一生。

　　我摇头。从事艺术的人竟泯灭天良，恣意伤害，这个风气不予阻止，整个学院在人文层面上将不可收拾。我们走过无力抵抗伤害的漫长岁月，现在要以行动证明，这个岁月已经结束。

　　我与学院的其他领导人反复商量，一致同意：五个打人女生全部开除。考虑到表演系提出的"不要影响她们一生"的请求，我们又规定，开除的处分不记入档案。

　　开除这五个女生之后，我专向全校学生作了一次报告，主要不是说学校纪律，而是论述艺术和人道主义的关系。

　　在这之后，我还签署开除了一名男生。

　　那天傍晚，我到学生食堂用餐，无意中看到一个无法容忍的场面：一个男学生与食堂卖饭的一位年长女工发生了争执，这个学生竟然把一碗满满的稀饭，盖倒在女工头上！

　　几天后，我在大会上向这位男生讲述开除他的理由："第一，你是青年，她是长辈；第二你是男人，她是女人；第三，你是大学生，她没有文化——凭着这三点，你还这样做，非开除不可。"

　　在一次次处分学生的过程中，我陷入了深深的苦恼。我们过去多么希望年轻的生命能够排除一切高压强力，勃发出灿烂的生命光辉和艺术光辉啊，但当我们千辛万苦地做到了这一点，竟发现勃发出来的有一半是邪恶。在校内我暂时有权整治，在校外呢？邪恶既然已形成了一种勃发的势头，靠我们的处分能够阻遏得了吗？如果这些新起的邪恶与社会上残留的历史邪恶合流交汇，将会出现什么情景？如果这些邪恶不以拳头或稀饭的形态表现出来，又将会形成什么局面？

四

更苦恼的事情是,我们的处分那么正义,却也保留着一些疑问。

很多年后的一天,我在北京一个杰出人士云集的场所喝酒,一位可爱的女士恭敬地称我院长,并把她的丈夫介绍给我。畅谈中,他们思路清晰、体察世情,让我精神陡振,便问那位女士是哪一届从我们学校毕业的,她说:"院长,我就是被您开除的五个女生中的一个。"

一次去海口,朋友到机场来接,顺便说起还有我的一位学生也想来,但走到半道就换车回去了,似乎对我有一点尴尬心理。我细细追问,终于明白,他就是被我开除的那个男生,现在是一家公司的本分职员。

我在交谈中问过他们对当年开除的看法,他们都说,那个处分没有错。

当然,没有错。

但是,就在与他们"重逢"的前后,我还遇到了当时学院里的几个优秀学生,与他们一对比,心情就复杂了。

例如,那个依然英俊的学生我给他颁过奖,毕业后多年不见,却在飞机上遇到了。他很繁忙,也很得意,没说几句话就已经告诉我,他在省文化厅负责创作。问他参与了哪些创作,他报了八九个剧名。

我问:"这样的戏,听起来都比较左倾保守,能做好吗?"

他说:"几乎所有的大奖都得了。全省的,全国的。"

我问:"有观众吗?"

他说:"也有一些。以送票为主。"

我问:"有自己来买票的观众吗?"

他说："这很少。"

我问："多少？"

他迟疑了一下，说："每场十五六个吧。"

我问："每个戏演几场？"

他说："两三场吧。"

我问："每个戏该有多少投资？"

他说："几十万。最花钱的是那么多人要浩浩荡荡进北京，去演一场，这要另行拨款。"

我问："为什么非去不可？"

他说："为了评奖啊。我们不去，就要把那么多评委一个个请来，一个个伺候，更花钱。"

我问："这么多的钱从哪里来？"

他说："政府的文化经费，再加上政府指定的企业赞助。"

我问："这样的事，你为什么不阻止？"

他奇怪地看着我说："老师，这没法阻止。得奖是部长、厅长他们的政绩啊，每个省都是这样。"

我看了他一会儿，心想这也是他的"政绩"。在文化经费缺乏，戏剧濒于消亡的情况下，他们却一年年堂而皇之地联手抽取巨款，去骗取"政绩"，这与巨贪剧盗何异？他刚才分明还说，这次他是去承接一个"艺术节"的几个演出项目，款项巨大……这便是我的优秀学生。这样的学生还有多少？他说了，每个省都是这样。

正因为是优秀学生，毕业分配之后立即获得重用，管辖着一个地区的创作；因为是优秀学生，熟悉专业话语，给一大堆文化欺骗行为以专业支持……

我们当初开除的，是另外一些学生。

那天在飞机上与那个学生谈完话，我产生了一种幻灭感。其实我对近年来各省的文化行为已有强烈的负面感知，却一直不敢承认，有我的很多学生混迹其间。现在，在一万公尺的高空，终于把真相揭开。

仍然是一个包含着巨大自嘲的悖论。

五

更大的悖论发生在教学中。

在当时，中国大陆高等教育面临的各种两难境地，是现在的大学校长们无法想象的。

首先是必须把所有的高校教师从长久的灾难和屈辱中解救出来，提高他们的地位，恢复他们的尊严；但另一方面又必须同时告诉他们，由于几十年的耽误，他们绝大多数未曾建立起正常的专业知识结构，又不知道当代国际学术走向，因此基本上不符合高校教师的标准。

我知道，这种"拉一下又打一下"的手法有点残忍，却是历史转折处两种需要的必然碰撞，无可避免。我几乎不敢正视很多老师的眼神，其中包括许多我自己的老师。

于是，上午，我在全校大会上明确宣布，学校的主角是教师，而不是干部，更不是工人，强令今后学院的上下班校车内，所有的青年工人必须为教师让座，特别是为中老年教师让座；下午，我却以同样严厉的口气在教师大会上宣布，全校在业务上基本不合格的教师，超过五分之四。

我说这些重话的时候，眼睛先看礼堂远处的墙壁，然后虚虚地扫一眼全场，便把目光扫到讲台的桌面上。桌面上其实没有讲稿，但我要假装有一份讲稿存在。我的口气很权威，但心里还是很脆弱，怕在会场里看到什么。其实，五分之四这个比例是经过严密调查计算出来的，但总有不少教师、干部觉得不可思议。后来在报纸上看到中国科学院院长周光召先生说，连堂堂的中国科学院内，合格的研究人员最多也只有五分之一，我的心就踏实了。

在报上看到这样的报道时，我就强烈地感到，世上最惊人的是真实，最感人的是说出真实。中国已经有人敢于这样说了，一切都有了希望。那么，我又何必躲避老师们的眼睛呢？

合格的教师不可能从天上掉下来，不合格的教师更不可能全部请出去。因此，当时唯一的办法是让全院所有的课程全部经受检验，让教师们知道自己所开设课程的差距，然后重新学习，重新开课。

谁来检验呢？我觉得首先是学生。我相信，任何不好的学术课程在根本上是不可忍受的，除了强力安排外，青春的生命不可能一年、两年地忍受贫乏与无聊。我更相信，在人文科学领域，一切出色的作品、观念和课程具有一种天然的吸引力，足以控制大量稍稍低于自己的接受者。因此，我决定学习国外，由以前永远处于被考试地位的学生，为每门课程打分。

但是我当然知道，课程光让学生来检验是远远不够的。在改革的声势已经形成之后，我又快速地组建了一个"老教授听课组"，聘请那些刚刚退休的教授、副教授，每天来听课，也给予打分。被聘老教授白发苍苍夹着打分图册列队进入教室最后一排坐定的情景，成了一种威严的仪仗，对讲台上的教师和讲台下的学生都形成压力。我想，这种压力可以与学生评课的压力构成制衡。

其实，"老教授听课组"的设置，更出于我的一种心理机谋，当时不能公开，现在说出来也不大好听。简单说来，这是一种"利用"。我现在必须交代了，以求老师们原谅。

　　我当时就明白，退休的教授、副教授根本不可能听遍全院的课程，哪怕是重点课程；我更明白，这些老教师大多专业偏窄、知识陈旧，很难成为其他老师开设课程的裁判者。但是，我看上了他们在"教学伦理"上的辈分。当我们的教学改革措施快速推出，广大教师已经从吃惊、紧张发展到抱怨，他们的心理承受能力渐渐接近极限，一旦有人带头反抗，教学改革很可能崩盘。在这种情况下，让学院里辈分最高的老教师们夹着打分图册在校园里转悠，客观上成了我们的一支派遣队，稳住了学院的舆论。

　　我相信他们能发挥这种功能，因为教改的本质是向昨天挑战，而这些老教师却比其他教师更有资格代表昨天，甚至前天。如果其他教师为了捍卫昨天而反抗，这些老教师就会站在他们的背后轻易地让他们缴械。这个设计有点"阴险"。

　　那么这些老教师愿意充当这样的角色吗？当然愿意。对于一个退休群体来说，最看重的已不是观念，而是自己是不是被尊重，特别是被现任领导的尊重。他们把参加"老教授听课组"当作一件大事，更何况，我们还向他们支付不低的"听课津贴"。

　　这件事当然不可能长期延续，因为老教师和新课程之间的隔阂只会越来越严重。我所需要的就是这一阶段，只要让全院渡过教学改革的首度心理危机，以后就不可能再有崩盘的危险。

　　因此，这是一种名副其实的阶段性利用。同时利用了听课和被听课两方面教师的心理，现在说起来还觉得抱歉。我知道在行政工作中为了某种目标不能不使用计谋，只要这种目标正当就成；我觉得抱歉的是，居然一直没有向两方面的教师说明我的真正意图。尤其是对那些白发苍苍的老教师，只让他们一天天在校园里走着，还让他们以为受到了特殊的尊重。

　　那么，诸位老师，请接受我十七年以后的道歉。

学生打分和老教授听课这两种力量制衡了八个月之后，真正的权威登场了，那就是学院教务处制订的"全院各专业应设课程总目"。一共九页，印了很多，厂为散发。

所谓"应设课程"，是我会同各系主任和专业骨干经过反复研究精选出来的带有理想性、引导性的课程结构，研究时参照了国外和台湾地区同类院校的课程设置。这些课程，学院能够勉强开出的，大概只有一半，另一半要逐步建立。

所有课程，都按照重要程度标出学分。重要的学分高，不太重要的学分低。这就是学院对于学生自由选课作出的指导，使他们在自由中懂得主次，也使一个高等教育机构保持了应有的专业高度。有些课程艰深而又重要，很可能使不少学生怯于选择，那么就用很高的学分来吸引。

这么一来，不久前还在为获得选择自由而欢呼雀跃的学生们开始皱眉。他们终于发现自由的选择其实也就是艰难的选择。艰难什么？艰难于自由本身所包含的规则，艰难于他们对自由中的自我和规则中的自我，都不认识。

现在说这一些，也许很多学生和教师都会讪笑我对于学分制常识的噜嗦表述，他们真是让我羡慕。须知在当年，我们的试点在人文学科的教学领域似乎还是全国领先，因此风险重重。大多数教师不可能喜欢这一套，大多数学生也都从开始的喜欢转向放弃喜欢，上级领导机构对这样的问题不会具体表态，一切都靠我们这些人担待着。我当时心中想的是，即便千难万难，也不能走回头路了。

我在大小会议上不断向教师们论述，我们所采取的这些措施，看似针对他们，其实是针对着几百年来中国文化的低效化迷误，以及几十年来中国高教的传染性衰变。如果不痛切阻断，我们将会长时间陷于黑洞之中。

六

但是,我不会因为这些悖论和艰难,否定自己长达六年的任职。

我从来没有后悔,把两千多个大好时日投掷在自己的学术研究之外。

也许学院终究无法摆脱循环往复的悲剧宿命,而我,却成了另一个人。在担任院长之前,我的经历已经堪称丰富,但还未曾有过一段完整的时间,几乎不考虑自己的事情,而是承担起一个庞大群体的全部凶吉祸福。不是像在农场时那样仅仅带着一队人劳动,而是在冰河初裂、处处拮据的困境里,实实在在把一个重要文化院落的大小事务都管起来了,把那么多教师、干部、职工和他们家属的名誉、工作和收入都管起来了,把那么多学生的培养、教育和前程都管起来了,这对一个自由知识分子而言,实在是一种难言的体验。

那时我已搬到位于龙华的教师宿舍居住。分配时大家都不要二楼的房,说是全楼的卫生管道都在二楼转弯,经常堵塞泛滥。我想,有问题总要解决,我是学院领导,最叫得动总务部门的修理工,应该由我要下大家都不要的那一套。没想到问题的严重性远远超过我的预计,在我任职的六年间,每星期至少有两次卫生管道的堵塞泛滥,不知修理过多少回都毫无办法。这种情景现在想来简直不可思议,但龙华宿舍的老住户们一定都还记得。

为什么就修不好了呢? 真是奇怪。

我想过很多土办法,例如一次次地用各种沙袋堵马桶,但一遇泛滥次次失败。那时我会敲几家的门,请他们一起来搬运我底层书架的书,免使它们被淹。我也想过能不能底层书架干脆不放书，就像把洪涝地区的居民永久搬迁？但我的书实在太多，清理不出其它地方安顿，而且我那时已经忙得完全没有时间清理，只能在水漫金山时突击抢救，抢救这些被主人冷落已久的可怜书本。

<h2 align="center">七</h2>

家里已经装了电话，时时铃声不断，全是公事。

这天傍晚刚进门，就接到静安区区长韩士章的电话，与我商讨我们学院南京西路宿舍动迁的问题。韩区长也刚由医生从政不久，脑子够用，我们两人都怕被对方看成是书呆子，互相开出的条件越来越苛刻，一个电话打下来十分劳累。

与韩区长通话中我发现，有几个具体的技术数据必须问学院的房产科长。房产科长家当时还没有装电话，就在对面另一幢楼的六楼，我得立即亲自上门去问，以便应付明天上午的正式谈判。一层层爬楼要经过很多人家门口，过去我在楼道间习惯于低头快步，现在不行了，成了院长见人都要打个招呼，还要停下来说一会儿话，说话的口气又不能是敷衍。那年月，一句敷衍就会让敏感而又老实的教师难过很久。

见了房产科长，我问完要问的事情，他又告诉我明天法院开庭，有关我们学院与外单位的两起房产纠纷，一起是被告，一起是原告，我是法人代表，因此法院门口的开庭布告上我的名字已经出现了两次。我匆匆问了案情，又问了所请律师的名字，希望争取胜诉。

说完回家，在门口就听到电话铃声。赶紧开门，一听是市政府办公厅打来的，要求立即赶到康平路开会，朱镕基市长要找几位高校校长谈话。司机在隔壁一幢楼的底楼，我去敲门，然后发动汽车。朱市长今天主要了解大学生的伙食管理问题，谈完，又留下我询问上海戏剧学院有没有可能搬迁到浦东，因为浦东开发中还缺少一个响亮的文化项目。我说我们学院还受到北京国家文化部的管辖，估计他们不会同意。后来朱市长每次开会发现我不在，总会自己解释一句："哦，他是直属北京的。"

从康平路回来，九点半。我正在翻阅学院内几家校办工厂的经营报表，电话又响了，拿起来一听，声音很轻，是我楼上的一位教师到四楼一个企业家家里借电话打来的，他说："院长，你说话轻一点，现在你的门口有三个女学生睡在地上，准备睡通宵，让你明天早上开门一见受感动。"

"她们有什么事要让我感动？"我问。

"我已经问过了。她们中的一个，就是去年被你开除的，今年想重新报考，表演系不接受，只好直接找院长了。其他两个，是陪她来的。我劝她们回去，劝不走。"那位教师说。

我一听就笑了，心想这真是喜欢采取极端行动的一代。打人极端，现在用这种方式来忏悔，来表达对专业的虔诚，仍是极端。我准备立即开门劝她们回去，有事到办公室再谈，但人家已经做到这个地步了，我总得表示一个倾向性的意见啊。

一想意见，我的思绪就更加明确了。任何处分都有时限，去年我们规定开除的决定不进档案，就是要免除一种没有时限的惩罚。表演系的领导去年不同意开除，今年又不同意复招，都是沿袭了以往的思路，我们应该把这种思路扭转过来。

想清楚了，正准备开门找她们谈谈，不好，马桶又泛滥了，而且势头很大。我连忙开门，拉起那三个睡在门口的学生，请她们帮我抢险，再去呼唤精熟此道的两位邻居。三个学生一见险情身手矫健，一边通堵，一边舀水，一边搬书，闹腾了一个小时左右，大致解决了问题。我对她们表示深深的感谢，并告诉她们，重新报考的问题我明天就会与表演系和教务处一起研究。

她们高兴地离开之后，我又听到敲门声，开门一看是一位老教师。他说，他家窗口的晾衣架已经松动，通知过总务处来修理却一直没来，"我人轻言微，只能麻烦你院长亲自给他们打个招呼。台风季节即将来临，晾衣架一旦脱落砸在人家头上可不是闹着玩的，人命关天，人命关天啊！"他用诚恳的语调说得非常宏观。

"是的，人命关天。我明天一定告诉总务处。"我说着把他送走。

八

这时，已是半夜十一时。我想明天上午事情一大堆，该睡了，但居然，又听到了轻轻的敲门声。

这次是一位年长的干部，我刚开门他就迅速把身子闪了进来，而且回身把门关紧了，这使我觉得非常怪异。他抱歉地说："这么晚了，真不该打扰，但我看到你窗子还亮着灯，刚才又送走一个人，所以就来抽你一点空。因为事情紧急，事情实在有点紧急。"

说了半天才明白，原来他家住在底楼，有一个小院，隔壁住了学院后勤部门的一个工人，也有个小院。这几天，那个工人天天晚上在院子里挖洞，一直挖到深更半夜，现在还在挖，影响他睡眠。这道理很明白，但这样的事情显然不必直接来找院长；他感到紧迫的是，那家挖洞干什么？"日本人并没有进村，肯定不是为了打地道战。我在报纸上读到过一个案件的报道，一个罪犯用挖地道的方式抢了银行和金库，因此我们也必须提高警惕。"

大家在斗争的年月生活久了，总能在别人身上发现大量疑点。前两天一位女士向我报案，说她去华东医院看病时看到她以前的一个对头与医生神秘地点了点头，这个医生开的药她吃了以后发觉浑身不舒服，因此她怀疑有诈，要求验方。医院以为她投诉的理由不充分，没接受，她要求学院出面与医院联系。怎么办呢？只能联系，验方，当然无毒。

今天的事，照理确实应该交付保卫科处理，但我凭直觉和好奇亲自敲开了挖洞人家的门，浑身汗水泥巴的工人见院长半夜来到他们家吃惊不小，立即推断是自己的施工声骚扰了四邻，连声检讨。

我到他院子里看了看，问："有自来水，为什么还要挖井？"

工人憨厚地笑了，说："我是在自制空调。用井下的凉气，家里气温能降下八度，省钱，又环保。"

他结结巴巴地给我讲这种自制空调的技术原理，但显然不会表达，很难听得明白。有一点倒是明白的：这是一位爱动脑筋的工人。我关照他夜间不要影响别人，然后与他握手告别，回家。

可以听到哪家老式挂钟的敲打声，十二点。

我回到自家门口深深吐了口气，摸钥匙开门。一摸，糟了，刚才那位干部神秘地踅进踅出，使我没把钥匙带出来！

唯一的办法，是从前面攀上二楼的阳台，砸碎一块靠近门把手的窗，把阳台门打开。我下楼绕到前面细细查看了一番，发觉可以先爬上一个脚踏车的车棚顶，再跨上楼下宋光祖先生的院墙，最后翻上我家阳台。凭我的身手，做这一切并不难，但我又担心爬到一半惊扰了谁，然后在阵阵喝问声中被抓下来。披衣而起的邻居们发现是我一定会万分诧异，我在尴尬的姿态下所做出的尴尬解释必然让他们更加尴尬。

如果不是这样，我悄没声儿地完成了全部过程，没有被任何人发觉，那我又会觉得有点恐怖，因为这证明我日常的居住安全毫无保证。稍稍身手矫健一点的人都能快速地登堂入室，这倒是怎么回事？

想来想去，为了避免吓着了别人或吓着了自己，必须找一个人来"见证"这个爬墙行动。最合适的人选是住在前一栋楼里的院长办公室主任葛朗。深夜敲门虽不妥当，但毕竟是院长叫院长办公室主任"办公"，勉强还能属于"本职工作"范围。

睡眼惺忪的葛朗一见是我立即清醒，我把他拉到爬墙现场让他作个见证。葛朗坚决阻止我爬，说如果真要爬那一定是他的事。我说，他身体比我更胖、更高、更重，爬起来一定没我轻捷。他说，身为院长办公室主任竟然眼看着院长亲自去爬墙，一定是最严重的失职，天理不容。说着他已经爬了起来。

可怜这位戴眼镜的哲学教师在半夜时分猫着腰做起了近似窃贼的动作，我看他终于爬上了我家的阳台，又在阳台一角找了一块砖，闷声一砸，窗破了，倒也没有闹出太刺耳的响声。他从破洞里伸进手去，扭开门把，进去，把正门打开。我已快步奔到正门口，对他深表感谢。他搓了搓手，掸了掸衣，说明天会派人把窗玻璃配上，就走了。

我关上门，本想洗洗就睡，却坐在房间中央发起呆来。

九

这房子，是家，只有我一个人，我却当了一个很大的家。在这最小的家和最大的家之间，我似乎遗忘了另一个家，爸爸、妈妈的家。

刚才在盘算要不要爬墙的时候，我倒是想过另一个方案，不爬了，回到爸爸、妈妈家去，那是我遇到麻烦时躲身的最后港湾。但是，这个想法立即就否定了。从龙华回海防路，没有直达的公共汽车，可以坐104路，到新闸路下车后再步行三站地。104路倒是通宵有车，但午夜过后要隔很长时间才能开出一辆，我如果

250 附录二 余秋雨文
我能听到

等到，搭上，到新闸路再步行，赶到爸爸、妈妈家大概要花一个小时左右。爸爸、妈妈家里没有空余的床位，我这样一去一定会把两位老人家骚扰得不知所措、手忙脚乱。

我爸爸当了十年"打倒对象"，人家还以为是一个什么级别的官员，其实最多也只是科级罢了，比我现在取得的级别低得太多。但是这次他清楚地看到了，那个原来在他心目中简直是山高水远的"领导干部"职位落到他儿子身上之后，还需要他花费多大的精力。

首先是分到龙华的住房后需要最简单的装修，例如需要在毛坯墙上糊一层纸，需要在水泥地上涂一层漆。当时整个上海还找不到装修公司，一切必须自己动手。糊墙和漆地的事，由我、爸爸和小弟弟完成。当时，爸爸已经六十多岁，他用废报纸做成尖帽戴在头顶上站上凳子去糊墙的一刹那，不知是不是想到了二十年前同样戴着尖尖的纸帽站在凳子上挨斗的情景？

装修完了是搬家。我书多，请几个朋友一起捆扎了几天，又向学校借了一辆大卡车，来回搬运。爸爸和几个弟弟全在车上，这边传上去，那边传下来。爸爸仔细，不时点数查看，以防遗漏。当最后一车书运走后，万航渡路140弄5号的旧屋里只剩下我一个人在收拾厨具。看到几个碗沾满灰尘，想拿到自来水龙头那里洗一洗，谁知刚才搬书搬得太乏力了，一个碗没抓住撞碎在自来水龙头上，我下意识地伸手去接，立即在右手掌上割开一道又深又长的口子，血流如注，整个水池顷刻一片红色。

我立即抓过一条毛巾，用左手捂住伤口，去找医院。最近的医院是华山医院，但没有公共汽车能够抵达，而当时的上海很难叫到出租汽车，唯一的办法是自己走去。应该奔跑，但我这个人受父母影响，从小怕惊扰别人，只以比普通行走快一点的步伐捂着手行走。到静安寺附近遇见我们学院吴瑾瑜先生的夫人，吴夫人见我这个样子关切地问我怎么回事，我只轻描淡写地说割伤了手，去医院包扎，她问要不要陪我去，我说不必，她关照我几句与我告别，但低头看见一路上都是我留下的血滴，立即又转身跟了上来。吴夫人陪我走了好一段，直到在乌鲁木齐路口遇到了学院医务室一位叫卜羊根的先生，交代好才离开。卜羊根把我直送到医院急诊室，不停地恳求医生："我们这位老师是写文章的，一定要把他的右手保留住！一定要把他的右手保留住！"

我知道事情还远没有到这个地步，只是我的流血量把卜羊根吓坏了。结果，右手掌缝了八针，留下了终身性的伤疤。缝完针的一段时间，我生活不能自理，只能住回海防路爸爸、妈妈家，由两位老人家照顾我。

爸爸、妈妈从这件事，警觉到我在日常家务上的狼狈，过几天总要来我的宿舍，替我买米买菜。我们宿舍虽叫龙华宿舍，离龙华小镇还有不短的距离，因此爸爸、妈妈扛着买来的东西要走好一会儿。妈妈总是考虑到爸爸有糖尿病，让他提较轻的菜篮，而她自己在肩上驮着米口袋。回到宿舍，爸爸洗菜，妈妈下厨，等我回家。

十

那个年代，中国大陆私人生活的窘迫是共同的。但是，又依稀出现了某种改善的信号。

当时还无法设想，一个人能够靠自己的力量改变自己的生存状态。我们总以为，只有集体改变了，个人才能改变。

为了提高全院教师的待遇，让他们能在没有后顾之忧的情况下安心工作，我们把不少精力花费在"校办工厂"上。

校办工厂，这是政府鉴于教育经费奇缺而倡导的一个补救措施，倡导的方式是免税。可惜当时很多学校的领导和教师不知道"免税"这个概念意味着什么，心底里还瞧不起任何经济行为，只是一味等待着北京拨款。

我和我的同事们倒是听懂了，我们虽然不会办厂，但是相信这种"免税"的政策能吸引不少会办厂的合作者。我自从上任以后就发现，国家拨给我们的办学经费只能勉强发放教师和职工的薪金，其他什么事也干不了，这怎么能够有效地推进我们的改革计划呢？因此必须在"校办工厂"上下点功夫。

我们学院的"校办工厂"最多时发展到九家。最好的一家是玻璃试管厂。原来全国各中学的化学课都需要有实验试管，每个学校需要量很小，品种却很多，没有一家玻璃厂愿意承接这样麻烦的小活儿。然而，如果把全国各中学的需要集中起来，再把各种试管进行分类归并，找相应的玻璃厂，厂方就非常乐于接受了，它们本来也正找不到成批的订货。因此，我们学院的玻璃试管厂其实是一个中介公司，在当时，实在是一种迫切需要。我完全没有从商经验，但对于事情有一种最质朴的逻辑判断，知道哪一种行为来自社会的真实需求，哪一种行为只是拙劣幻想。

政府一度鼓励"校办工厂"，除了试图补充教育经费外，还想借此分流教师队伍，让一些不适合讲课和研究的教师去工厂。但是一系列事实证明，不合格的教师基本上也管不好工厂，一切大事还得由我们自己来作判断。如果我不出面，也必须由副院长荣广润、孙福良和院长办公室主任葛朗过问。人世间的大判断，不分行业。

九家校办工厂的经济效益，除了学院留存外，主要以"奖金"的名义发给全体教师作为津贴。我们学院经济最好的那些年月，教师每月的津贴是上海同类高校的两倍，是北京同类高校的四倍。这种经济优势，使得所有的教师都不愿离开，这就成了我们采取一系列改革措施的基础。否则，人心涣散，大家想走，一切主动权都不在领导者手里，哪里还谈得上改革？

十一

我们学院终于成了全国高教系统中人均收入增长最高的学校。

接下来，我们开始着力打造校园环境。

这对教师而言，是对他们过于局促的私人住所的变相衍伸；对学生而言，是对他们领受艺术气质的环境营造；对我而言，则是对自己美学课程中关于各种审美因素互动理论的具体实践。

在我们上任之时，校园的环境实在有点可怕。

校园本来不大，好心的各届前任领导企图把学院建成一个"万事不求人"的完备小王国，各个部门趁机扩充自己的势力范围，结果整个空间很快就被临时搭建的房舍撑足了，一片拥塞，满目无序。

最为壮观的是各色各样的仓库：这儿是课桌椅仓库，那儿是金属仓库，转弯是玻璃仓库，背后是砖瓦仓库，正在修理的是电器仓库，刚在建造的是工具仓库，而且每个仓库都在扩充，例如课桌椅仓库分成了新库和旧库两座，新库储藏没用过的课桌椅，旧库储藏有待修理的残损课桌椅……

我一座座看去，身边还有不少工作人员来求情，希望自己的仓库扩充人员编制和资金投入，又有人要求新建别的仓库。这种景象，让我想到现代物理学中"熵"的概念。满足一切无序要求的必然结果是制造更大的无序，直至涨死、乱死、缠死。

看上去最混乱的问题，其实最容易用干脆的方法解决。我在察看过全部仓库后找来总务处长谈了一次，便与两位副院长商议后作出决定：立即拆除在校园内搭建的八大仓库和它们所属的十几个小仓库，一个不留。

我在院长办公会议上说："离学院后门几百米处就有金属商店、玻璃商店和电器商店，我们随时可以去购买，为什么要自立仓库？新的课桌椅，立即换到课堂里去，坏的课桌椅能修则修，不能修的立即当作废旧木料处理掉，藏在那里干什么？"

我还规定，八个大仓库和十几个小仓库拆除后，全部人员回到总务处竞争上岗，仓库原址全部改建成草地和花坛。我说："我们的舞台美术设计师能把十七世纪的英国园林、十九世纪的俄罗斯庄园打扮得美不胜收，为什么不能把我们自己的教学环境打理得更美一点呢？"

那天，校园里充满了轰隆轰隆的庞大建筑物的拆卸声，拆卸现场尘浪滚滚，盖脸呛鼻，但师生们并不躲避，只用手指遮着鼻孔声声欢呼。

一个月后，草坪、树丛、花圃出现了。

三个月后，雕塑、石径、庭廊出现了。

半年之后，我敢于请白先勇先生、栗原小卷小姐、吴静吉先生、王润华先生远渡重洋来玩玩了。

十二

到这时，上至国家文化部、上海市政府，下至学院内的各部门，都一致认为我具有"极强的行政领导能力"了。

现在回想起来，我的行政能力，主要来自于"直接法"，即认清目标后立即抵达，一步到位，不为任何理由转弯抹角，或拖延厮磨。

这种方法最能袒露行为的目的和本质，难以被无聊程序和复杂关系所遮蔽，因此也最能让自己的内心被大家所透视。我认为，官员的亲民举动，有多种表现方式，但主要是靠每一个行为被民众的直接理解、透彻感受。一个单位的凝聚力，也由此产生。

为了做到这一点，我坚持每次院长办公会议都定时、公开，阻止任何人在会上长时间争执，大家主要是听我和副院长布置任务，然后是各系各处汇报完成任务的情况，解释未能如期完成的原因，决定下一次完成的时间。决不允许出现各部门争经费、争名额的情景。

总之，从某种意义上说，我的行政方式比较"霸道"，但因处处直接、充分有效，大家全都沉浸在一种巨大的成功气氛中，人人精神焕发。即便是我对他们说了几句重话，他们也会像前线领命的将士，决不顶嘴，坚决执行，转身之时毫无愠怏之色。

本来嘛，我们所做的一切都是急不可待的起点性问题，不存在太多讨论的余地。试想，如果我为了博取"民主"的美誉在要不要拆仓库的问题上把八大仓库和下属十几个仓库的管理人员全都找来开会讨论，结果将会如何？我想所有的仓库大约到今天还巍然屹立，一个也拆不了。

我对这样的问题只做一种选择：一言既下，梁坍柱倾，灰飞烟灭。

十三

这种选择，也与爸爸有关。

爸爸一生谨小慎微，在"文革"之前，不管有谁提出批评，明知不对，也不予辩正，只谦虚接受。结果怎么样呢？那样的批评者越宠越娇，变本加厉，直到灾难一来，把你彻底打倒。

当谦虚和宽容模糊了基本是非，它们也就成了鼓励诬陷和伤害的"恶德"。在"文革"中，我全看到了。

现在连爸爸也早已明白，在远不健全的政治结构和思维模式中，那些永远滔滔不绝又不断变更立场的激昂言辞，永远也不能当真，不管它们是不是打出了旗帜、戴上了袖章，或占据了传媒、装潢成了学问。如果有谁把它们当成了一回事，结果只能是一地鸡毛，无处下脚。

此外，也有一些是民众间的闲言碎语，虽然没有那么讨厌，却也不能多听。社会封闭已久，缺少思维资源，一切都积习难改、坐井观天，能产生多少有价值的意见？最现成的例子就是我家的经历："文革"十年，"群众专政"，那么低层的单位，那么熟悉的人群，却从来没听到一个人提出，应该释放我爸爸。

既然如此，还多听作甚？

爸爸的这个人生教训，换来了我的干脆利落、心无旁骛，因此也换来了上海戏剧学院的精彩岁月。

十四

这次又受到表扬了。国家文化部的一位副部长对我说，我们学院的工作，在文化部直属高校中已遥遥领先，希望我能总结"治校经验"，以便推广。

我说："我的经验很难推广，因为容易产生误读。"

副部长说："不至于吧？说说看！"

"我的经验是：苦难产生蔑视，蔑视产生强硬，强硬产生高效，高效产生轻松。"

副部长听了这四个句子果然开始沉吟，终于说："别的都好，就是'蔑视'有点不妥吧？"

我说："这恰恰是关键所在。我们的历史教训，在于宠坏了本该蔑视的一切。"

我所要蔑视的，并不是上海戏剧学院里哪几个具体的人，而是超越任何具体单位的一种全社会的构成。一种悠久的历史沉淀，一种顽固的思维惯性，因此我所说的四个句子，也是一种泛化了的历史哲理。

后来我在美国一位传媒巨匠的书中读到一句话，不禁哑然失笑，觉得遇到了异邦知音。那句话是："所谓伟大的时代，也就是谁也不把小人放在眼里的时代。"

不放在眼里，就是蔑视。

想来想去，除了蔑视，我们别无选择。

美国传媒巨匠的意思很明白：没有蔑视，就没有伟大。

"文革"十年的教训也很明白：当我们停止蔑视，那么，世上正常的一切都会被蔑视，包括伟大在内。

记得戏剧文学系的徐闻莺老师听了我的这类表述后曾为我担心，说："如果形势有变，当社会上那些被你蔑视的一切联合起来对付你的时候，你该怎么办？"

我回答说："那我仍然将用蔑视，来证明他们即便联合起来也真该被蔑视。"

"如果他们采取了更恶劣的手段呢？"她问。

我说："那就让他们知道，中国还剩下一些男子汉。"

其实在那个时候，事情还没有这么悲壮。恰恰相反，似乎到处都是胜利的信号。一个院长的骄傲和蔑视直接影响了整个校园的集体人格。大家都不难回忆起，那个时候上海戏剧学院的上上下下是多么骄傲啊，即便不能说没有蚊叮鼠咬，但它们哪里敢发出一点咬嚼之声？

有时我想，如果时间倒转，把现在报刊间那些蝇营狗苟的言行放回到那个年代，不必说别的地方，只说在我们小小的校园里，换来的也只能是一阵哄笑：哈——哈——！

那真是伟大的年月，高贵的蔑视。

一位英国学人说："以前，高而不傲被看成伟大，但在道德革命之后伟大的特征是傲而不高。"（兰多：《想象的对话》）

我们不是高大的伟人，但我们有资格骄傲。历史留给我们的权利并不太多，但灾难毕竟教会了我们嘲笑。

我的散布在全国各地的学生们，如果你们读到这段文字，不妨在心底招回几声昔日校园里的那种笑声。那是我播种的，我能听到。

2010 年，作为学生的烙印（后记）

现在是 2010 年，距离这本书的初版又过去六年。现在看当时的自己，像是人群中一个充满真诚的、急不可待的青年学生，当她听到许多人刚好在议论自己的老师，她自认是知情人，忍不住跳出来、一腔热忱地要向人们描述一个自己眼里的老师的样子。他们作为师生真正相处的时间并不多，她更多是在他们之间的通信来往与他的文章中去解读他。她滔滔不绝，喋喋不休，倾其所能要把自己心目中的余秋雨老师说给许多不认识的人听。

她曾热切地追随在余秋雨老师的身后，也曾旁观他从书斋走向大众、以写作赢得大众的全过程。酝酿和写作这本书的那几年，也正是她最渴望改变自己，努力去亲近和投入社会的时期。

但最终，她知趣而返。

这才几年，仿佛韶华老去，蓦然回首，心在别处。

她最终并未和她的老师一样向外打开自己的所思所获，而是不知不觉间转而向内，往里面走，朝另一个方向而去。

和很多人（他们就隐藏在她每天途中擦肩而过的那些人们中

间）一样，阅读、思考、离开，成为我们世俗生活中无须言说的部分，是避开众人的个人修炼，或者生活方式。以前进入大山，看到崖壁上那些道人或僧侣遗留下的闭关痕迹，会觉得那是一种多么艰辛甚至痛苦而不人道的方式啊，现在不一样了，现在甚至会想，这对自己也许是一种可能。

发呆重新成为生活的主要内容，不同于年轻时代的是，那时的发呆多多少少带着些阴郁与茫然，像窃窃私语环境中的一杯清咖啡，浓烈中夹着些些苦涩；现在的发呆是冥想了，常有超脱后的巨大喜悦与松快，更像静处摆放的一杯绿茶，于淡淡之中升腾出一缕清香。

六年后重新修订自己的这本书，惊讶于自己几年前的激情与热烈。

这本书的出版，让更多周围的熟人知道我是余老师的学生，自那以后，时不常地有人跑来告诉我，向我通报余秋雨老师的近况。我反倒是从他们那里知道余老师的最新动作。因为有网络。网络让一切无迹可遁。

更多的消息出现在网络当中。

我记着余老师曾讲过他在上戏当院长时发生的一件事：有一天上海的一家报纸给他打电话，说上戏学生在头一天的戏剧观摩中喝倒彩了，报纸准备就这件事展开话题，批判现在年轻人的道德沦丧现象。对方希望余老师作为上戏院长，对这一事件表明自己的态度。余老师问，演得好的地方学生鼓掌了吗。对方回答，鼓了，鼓掌的声音与喝倒彩的声音一样响。余老师马上说，好，那你告诉他们，我这个院长要和学生一道去喝倒彩。他说这个事情时，我们都会心一笑，意识到在艺术欣赏过程中一个如此习以为常的传统，一出了这个圈子、跨越了界域，就完全是另一回事。

在生活中，我总是回避掉那些和自己不一样的人们，不反对，但一定远离，因为太害怕那些驴唇不对马嘴风马牛不相及的时刻的出现。现在，一贯响应新事物的余秋雨，也把自己投进了网络当中。在我眼里，网络，那是一个因为看不到、不直接而显得那么的不真实甚至有些恐怖的世界。我只会在网络里接收邮件。

听说余老师在网上有一个博客，前几年还有人想托我把他自己的博客和余老师的链接上，说这样点击率高，能出名。听说许多人在博客写作中大显身手，也有人请我上他的博客参观，我总答应得好好的，可一回头又想不起来。余老师的近况，应该是从他自己的博客上才能确切知晓吧。可我总是懒，对网络提不起兴致。

记得很多年前余老师跟我说过，真想独自到远方的某个角落住上一些日子，什么也不做，就住着。我想他的这个美好想法怕是很难实现了，因为他走到哪里都有人簇拥着，怕是再远也走不出人群。而我，一个很早就被他这句话打动了的学生，现在最快乐不过的事，就是买张票背起包上路，转眼就走在乡间小道上。甚至在城市的街面上，都见不得背包客经过，一见之下，就像广告里说的——身未动，心已远。现在的这个躯壳，仿佛只是寄居都市，周边纷争早已事不关己，淡淡的。我对别人说我是真的"行尸走肉"啊，魂早就飘在上面了。只有回到乡间，住进山里，身心才能合一，才能安放得舒坦些。

我现在的年纪，和二十几年前刚开始"成名"时的余秋雨的年纪相仿。一样的年纪，却是完全不同的生活环境和生存状态。

那时的余秋雨，生活在"文化大革命"刚结束不久的拨乱反正年代，整个国家、整个社会都处于一个"夺"与"抢"的一元状态——把失去的时间、青春、人生夺回来，在重建的社会秩序、价值体系、社会阶层中抢得一席地位——人人都是一片空白，要从零开始，没有人可以或敢于稍稍落后于别人半步。像 1977 年后恢复了高考制度，所有有条件考的人几乎全都扑了进去，最后也是在瞬间，就决定了一个人的未来与命运。而像余秋雨这一代的知识分子，学习与储备的黄金时间在"文化大革命"中荒废掉了，这时他们好像被赶着挤在一起的一大堆跑步的人，挤在同一条起跑线、同一条跑道上，必须不顾一切争先恐后地往前跑，谁跑在了前头，谁就赢了，衡量标准只有这一个。

现在不一样，社会进入多元化时代，人也更加宽泛与宽容，不管是年轻人、中年人、老年人，都可以找到选择自己生活方式、保持自己生活状态的可能性。也许因为这些外在的原因，当然更可能因为自身的能力问题，我们这一批师出同门的余先生的学生，最终都多少偏离了他招考我们时的初衷，未能如他本人那样，成为文化艺术领域中的文化创造者，成为全社会都公认的一名事业上的成功人士。

成功也给余秋雨带去困扰，这是我作为学生可以观察和体会到的。对他在自己盛名之下的一些困扰，我有理解的，也有不理解的，但这并不妨碍我们之间的师生感情。

人在红尘，都有脱不去的羁绊，或声名，或亲情，或责任，或义务。冷眼看去，也看得见自己万丈红尘中挣扎着的卑微身影。深知自己的羁绊是什么，在哪里。因此也相信每个人做事都有自己的理由，不逃避，也不刻意，顺其自然才是最好的。

也深知，现在自己许多想问题、看问题的方式，最早的地基是余秋雨老师打下的，我虽未能把它们很好地用于学业与事业上，但它们最终转换并凝结成为我生活中的智慧与从容，并将一直在我的浮生之路上起着引导作用。对此，我永远都怀着深深的感激。

2010 年夏，北京双井